Las pequeñas alegrías

Primera edición: febrero de 2019
Segunda edición: marzo de 2019
Tercera edición: abril de 2019
Título original: *Bonheurs du jour*

© Éditions Albin Michel, 2018
© de la traducción, Claudia Casanova, 2019
© de esta edición, Futurbox Project, S. L., 2019
Todos los derechos reservados.

Diseño de cubierta: Taller de los Libros
Corrección: Isabel Mestre

Publicado por Ático de los Libros
C/ Aragó, 287, 2.º 1.ª
08009, Barcelona
info@aticodeloslibros.com
www.aticodeloslibros.com

ISBN: 978-84-16222-95-7
IBIC: JHM
Depósito Legal: B 1463-2019
Preimpresión: Taller de los Libros
Impresión y encuadernación: Black Print
Impreso en España — *Printed in Spain*

Las pequeñas alegrías

Marc Augé

TRADUCCIÓN
Claudia Casanova

ÁTICO DE
LOS LIBROS

«Es por estos raros momentos
por los que merece la pena vivir».
Stendhal, *Lucien Leuwen*

Prólogo

Inventado hacia 1760, el *bonheur-du-jour** es un escritorio para damas de pequeñas dimensiones. Se compone de una mesa que lleva encima y por la parte posterior un casillero para guardar libros y papeles. En esa época, escribir por placer se consideraba una actividad esencialmente femenina. En el punto de inflexión entre el siglo XVII y XVIII, hubo grandes personajes, como *madame* de Montespan y *madame* de Maintenon, que desempeñaron un importante papel en la vida política, literaria y económica del reino de Francia. En el siglo XVIII, la favorita de Luis XV, la marquesa de Pompadour, de apellido de soltera Poisson, fue una burguesa que protegió a Voltaire y a Montesquieu. Fue ella quien fomentó el uso de muebles de un estilo menos «rococó» en Versalles. La condesa du Barry, de origen todavía más modesto, se convirtió, tras la desaparición de *madame* de Pompadour, en la favorita del rey y tam-

---

* El título original del libro es *Bonheurs du jour,* un juego de palabras intraducible con el escritorio que aquí se describe y con los pequeños placeres de los que el autor habla a lo largo del texto. A la hora de referirnos al mueble, se ha optado por utilizar el término «secreter». *(Todas las notas son de la traductora.)*

bién fue mecenas de las letras y de las artes. Martin Carlin, el ebanista de moda de la época, fabricó un famoso secreter de madera rosa para ella.

En el siglo XVIII se produce una transformación de la distribución interior de las residencias más opulentas. El *boudoir,* o tocador, el salón íntimo reservado para las damas, da lugar a numerosos muebles auxiliares, como la *chaise longue,* la mesa de labores o la cómoda. Su aparición es señal de una evolución de la sensibilidad y de las costumbres; una progresión de la influencia femenina en la vida social, cultural y política y también un cambio en las concepciones de la sexualidad y del erotismo. (El libro del marqués de Sade, *La filosofía en el tocador,* se publicó en 1795). Así, el secreter es la traducción material de la felicidad burguesa, además del símbolo de una aspiración más general y, en especial, del gusto por la literatura y la psicología que se inauguró con el libro de *madame* de La Fayette *La princesa de Clèves,* publicado de forma anónima en 1678. Hasta 1780 no circuló una edición con el nombre de su autora.

También en nombre de la felicidad se forjaron, en el Siglo de las Luces, utopías moralizantes, y se justificaba cínicamente el prestigio del lujo y del dinero, como constató Robert Mauzi en su tesis, que todavía es la obra de referencia sobre la felicidad y el siglo XVIII *(L'Idée de bonheur dans la littérature et la pensée françaises au XVIIIᵉ siècle).* Pero las ideas liberales también extraen su fuerza de la aspiración a la felicidad.

¿Hemos escapado hoy en día de estas ilusiones y contradicciones y, a pesar de todo, de esta espera?

Tendencia felicidad

Le Parisien Magazine, el suplemento semanal del periódico, titulaba el 28 de octubre de 2016 que «La felicidad es tendencia», aunque acompañaba esta frase de un subtítulo prudente: «¿Transformación social o tendencia de *marketing*?».

Es una sabia cautela, pero, precisamente, los autores de éxito cuyas obras exploran el tema de la felicidad y lo presentan, en efecto, como una «transformación social», novelistas como Laurent Gounelle o ensayistas como Frédéric Lenoir, tienen éxito y una gran masa de lectores populares. La cuestión de la felicidad individual se vive, al menos en Europa, como una pregunta que podemos y debemos plantearnos.

Según recordaba el mismo artículo, la ONU ha colocado la felicidad en el centro de las políticas de desarrollo. Se ha creado un observatorio internacional de felicidad cuya tarea es desarrollar la idea de «felicidad social». El optimismo es el rey. Si recorremos los textos o las declaraciones de los mensajeros de la felicidad, pronto nos sentiremos presa de una temática única que podría resumirse en tres prescripciones: para ser feliz hay que conocerse, estar atento al presente y ser útil para los demás. Un programa nada insignificante, diríamos, ante esta especie de síntesis de la sabiduría estoica y la caridad cristiana. El emprendedor Alexandre Jost creó en 2010 la «Fábrica Spinoza», un laboratorio de ideas, o *think tank,* como relata el periódico, para promover «la felicidad ciudadana» mediante conferencias, talleres y «*lobbying* positivo» frente a instituciones políticas y económicas. En 2016, preparó un indicador trimestral de felicidad a partir de cuarenta y siete preguntas.

Así también descubrimos que surge una nueva profesión en las empresas: según Laurence Vanhée, que empezó su carrera empresarial como directora de recursos humanos antes de convertirse en «responsable de felicidad», el *chief happiness officer* se encarga de proponer herramientas que favorezcan el desarrollo personal de los trabajadores: flexibilidad, teletrabajo, reorganización de las cargas de trabajo y de las tareas...

La idea no es del todo nueva; hace varios años, ya se puso en práctica una experiencia parecida en la fábrica de L'Oréal de Aulnay, donde se rompió el principio de la cadena y se redefinió el perímetro de varios puestos para permitir que un mismo trabajador llevara a cabo toda la fase del proceso de elaboración de un producto. La cuestión que queda por contestar es si este tipo de modificaciones se pueden plantear y se plantearán a gran escala. Además, cabe constatar que el concepto de «desarrollo» del ser humano en el marco empresarial, y solamente en este marco, convierte la búsqueda de la felicidad en un resultado muy dependiente del sistema político-económico actual.

Durante los últimos años, muchos estudios insistían en el hecho de que las nuevas formas de trabajo generarían, por el contrario, un mayor aislamiento. La epidemia de suicidios que se ha producido en Francia permite comprender que las afirmaciones que sostienen que «la felicidad en el trabajo es una tendencia de fondo» se dirigen en primer lugar a los responsables, a distintos niveles, de la jerarquía de mando y los invitan a admitir que un trabajador feliz trabaja mejor. Constituyen más una crítica contra los gestores que una llamada a las personas que dependen de ellos.

Sin embargo, no reprocharemos a los apologetas de la felicidad que estén al servicio del sistema (no son los únicos y, si los diversos responsables los escuchasen, quizá incluso inspirarían reformas y transformaciones provechosas para quienes tienen la suerte de tener un trabajo), pero sí afirmaremos que caen en el error de utilizar palabras sin medir su alcance. ¿Qué es la felicidad?

En su *World Happiness Report*, la ONU intenta definir los criterios objetivos (el PIB, la esperanza de vida…) y cruzarlos con la percepción que tiene la población de ellos. En la clasificación mundial de 2016, Francia es una «mala alumna», según reza el informe: ocupa el lugar número treinta y dos, por detrás de Colombia, la República Checa y países como Brasil, México, Chile, Argentina o Uruguay. Son países que conozco poco y, si bien he podido apreciar la amabilidad de sus habitantes cuando he tenido ocasión, confieso que jamás me ha parecido que manifestasen un optimismo desmesurado con respecto a su futuro inmediato. En un comentario a dicha clasificación para *Le Parisien Magazine*, Frédéric Lenoir denuncia el espíritu crítico de los franceses, siempre raudos a la hora de ver lo que va mal, y su «individualismo»: «Los países europeos más felices —añade— son aquellos en los que los lazos de solidaridad son más fuertes, como, por ejemplo, los países nórdicos, donde el sentido del bien común está muy desarrollado, o, aún mejor, los del sur de Europa, donde la solidaridad familiar es todavía muy importante».

El hecho de celebrar «el sentido del bien común», que sería más propio de los países de Europa del norte (de hecho, Dinamarca ocupa el primer lugar de la lista mundial de la felicidad y Suecia, el número diez), ratifica la política social de dichos países, pero deja la cuestión de la felicidad por completo en manos de los individuos. Sin evocar las películas de Ingmar Bergman, cuya áspera belleza escenifica imágenes impactantes de soledad, nos contentaremos con subrayar la distracción de Frédéric Lenoir, que posa, con una amplia sonrisa y en una fotografía en color que ocupa la mitad de una página, con un subtítulo que resume sus ideas: «Los países más felices son aquellos en los que los lazos de solidaridad son más fuertes». Pero Lenoir ha olvidado echar un vistazo a la clasificación de los países del sur de Europa en el informe de la ONU: a España, que está en el puesto treinta y siete, le va peor que a Francia, Italia está en quincuagésima posición y Portugal se sitúa en la nonagésimo cuarta, mientras que Grecia va a la cola, en el número noventa y nueve. Al parecer, la solidaridad familiar no pesaba lo bastante en la balanza. Pero, entonces, ¿qué se midió exactamente?

Lo más notable de todo esto es que, enseguida, queda claro que nadie sabe de qué hablamos. Por ejemplo, ¿debemos entender el individualismo como la negativa a interesarnos por los demás o, como opinan los estoicos, equivale a una obediencia a un ideal de nuestro yo?

En cuanto a la felicidad, que todavía no hemos definido, parece que admitimos o postulamos que se trata de un estado perdurable al que es normal aspirar. Una larga tradición, que tiene sus orígenes en los estoicos, opone esa supuesta permanencia del estado de la felicidad a la agitación febril de los inquietos (los que están privados de la quietud, tranquilidad y calma de los sabios). El cristianismo añade al cóctel la promesa de la felicidad eterna. Evidentemente, en la actualidad la aspiración a una serenidad feliz contrasta con la fiebre competitiva del capitalismo triunfante y también con la vana protesta de los marginados y los excluidos del sistema. Laurent Gounelle resume así la crisis actual y la solución que él propone: «Mis lectores buscan alimentar su búsqueda de sentido a través de mis novelas: quieren realizarse, porque ya no creen en el ideal que la sociedad de consumo les prometió en su día». Y con un optimismo que no desmiente la sonrisa que también él ofrece en una gran fotografía que ilustra el reportaje, concluye: «Vivimos una crisis de la civilización que va a desembocar en un modelo de sociedad basado en el desarrollo del ser humano».

En suma, es significativo que un diario de gran alcance dedique varias páginas a una «investigación» sobre la felicidad, y también lo es que, inteligentemente, opte por no tomar partido y hacer gala de una cierta cautela ante los que proponen recetas para la felicidad y, de paso, se garantizan algo de publicidad para sus obras. También dedica una página al último libro de Luc Ferry, con fotografía incluida, pero, en su caso, él está en desacuerdo con la tesis según la cual la felicidad no depende de la realidad, sino de la mirada que apliquemos, y denuncia que existe el riesgo de una peligrosa ilusión en la dictadura de la felicidad.

Vale la pena subrayar que esta ambivalencia es la de la propia sociedad de consumo, que está lo bastante segura de sí misma para impulsar incluso a quienes condenan sus excesos y su perversidad. Pero, más allá de las consideraciones, que, a fin de cuentas, siempre están relacionadas con el tema del rendimiento y de la productividad, y más allá de las motivaciones de los autores, se percibe en el planteamiento del reportaje una pregunta general en segundo plano, que sin duda podríamos calificar de metafísica, sobre el sentido de la existencia individual. Las situaciones de crisis favorecen, en el plano intelectual, este tipo de cuestionamiento: el sentido de la existencia individual depende en primer lugar del modo en que nos relacionamos con el otro. Toda identidad singular se construye mediante nuestra relación con el otro, que se define como constitutiva del sentido social. Cuando empleamos la palabra «sentido» en una acepción más amplia y menos concreta (por ejemplo, cuando hablamos de la «crisis del sentido»), a menudo es este primer «sentido» el que, de hecho, se cuestiona y es el catalizador de una interrogación más amplia y menos concreta sobre el sentido de la existencia.

Así que parece no solo legítimo, sino necesario, esbozar las grandes líneas de lo que podríamos llamar una antropología de las felicidades, entendida como una «ciencia práctica del tema» (Michel de Certeau), que exploraría, más allá de las anécdotas particulares, las vías mediante las cuales un individuo trata de mantener los lazos con los demás y de establecer nuevas conexiones a través de la gestión de su día a día.

La paradoja aparente es que el amplio movimiento que empuja a ciertos autores a lanzarse a investigar la idea de la felicidad (desde Luc Ferry, con sus *7 façons d'être heureux,* hasta Alain Badiou, con su *Metafísica de la felicidad real)* nace en un momento en que los motivos de inquietud se multiplican y en un entorno donde las razones para la angustia afloran de manera cotidiana, vista la situación política, económica y hasta diría que moral del mundo. Se habla de la felicidad de Europa al tiempo que crece la inquietud frente a las diversas amenazas que se ciernen sobre ella. Así pues, la paradoja solo es aparente, ya que es normal que en períodos de incertidumbre busquemos boyas de salvamento a las que aferrarnos.

La felicidad en plural

Este libro no tratará de «la» felicidad, sino de la felicidad en plural.

La humanidad no se divide entre felices e infelices. Sin duda, percibimos la categoría de la infelicidad de forma más inmediata, pues las desgracias repentinas se ciernen con la brutalidad indiferente de la naturaleza: el distanciamiento de un ser querido, temporal o definitivo, se siente con más dureza, a veces, que el afecto que nos unía a esa persona, o quizá medimos la importancia del lugar que ocupaba en nuestra existencia gracias al dolor que inspira la certeza de que nos veremos privados para siempre de su presencia. Por eso la pérdida de un ser querido suele venir acompañada de remordimientos. Recordamos los instantes de intimidad que quizá ya solo reviviremos intensamente nosotros, pues ignoramos si el otro, que ha desaparecido de nuestra vida para siempre, lo recordaba de la misma manera. Pero en caso de que esa otra persona haya muerto, sabemos que nos quedamos solos frente a los caprichos de la memoria.

Invirtiendo el procedimiento habitual, trataremos de realizar un desvío modestamente antropológico para observar en qué ocasiones y bajo qué condiciones experimentamos de vez en cuando la evidencia tangible de un momento y un movimiento de felicidad. Un momento y no un estado. Un movimiento y no una inmovilidad permanente.

Hay muchas palabras que evocan los impulsos súbitos del alma, pero la alegría, el ímpetu y el entusiasmo que «se apoderan» de nosotros se conciben generalmente como si fueran exteriores y cayeran sobre nosotros, como si nos «poseyeran», y son, pues, distintos de la felicidad, que se define a la vez como un estado estable y procedente de una fuente interior, expresión de nuestro yo profundo. Por suerte, esta oposición entre exterior e interior, volatilidad y permanencia, se puede expresar con facilidad en la lengua francesa, pues esta permite utilizar la palabra felicidad en plural, lo cual es mucho más difícil con el italiano *felicità*.*
En francés, la palabra «felicidad» señala un estado de beatitud, cuyo modelo es la contemplación divina de los bienaventurados que gozan de la vida eterna. Las «pequeñas alegrías» nos devuelven a la Tierra y a los mortales, a los seres de carne y hueso, con sus anhelos, sus decepciones, sus miedos y sus esperanzas. Lo que nos invita a preguntarnos sobre la presencia y el papel de los sentidos cuando delimitemos estos momentos de felicidad.

Si es más exacto, interesante y menos ideológico hablar de pequeñas alegrías en plural que de felicidad en

---

* Y, añadimos, en castellano también es desaconsejable utilizar la palabra «felicidad» en plural para designar estos estados descritos por el autor. Por este motivo, se ha optado por alternar la noción de «felicidad» con la de «pequeñas alegrías», confiando en capturar así el sentido expresado por el autor.

singular, es porque se trata de ubicar hechos, acontecimientos y actitudes y no de disertar sobre algo tan abstracto como el concepto de la felicidad en general. En la vida experimentamos alegrías repentinas que no esperábamos, pues el contexto no lo anunciaba, pero que, a pesar de eso, se producen y se mantienen contra viento y marea, hasta el punto de que impregnan profundamente nuestra memoria.

La existencia de esas alegrías puede enseñarnos algo sobre varias cuestiones, como, por ejemplo, la identidad individual y nuestras relaciones con los demás o con el espacio y el tiempo, es decir, la constitución simbólica del ser humano. Esto tiene una dimensión antropológica: nuestras relaciones con los demás siempre están en juego en todos los momentos de felicidad; la relación con uno mismo y la relación con los demás son indisociables; Rousseau, por ejemplo, nunca disfrutó tanto de las distintas alegrías del caminante solitario que cuando se encontraba entre amigos, rodeado por ellos y no aislado.

La exploración íntima de estas alegrías nos revelará que, en todos los casos, están relacionadas con la percepción de un movimiento: de un sitio a otro, de un instante a otro, de un ser a otro.

Así, la carga poética de la palabra «regreso» se debe a que evoca de manera inseparable el espacio y el tiempo. Las sociedades nómadas son las sociedades del eterno retorno cuando, como la tribu de los fulani, vuelven a inscribir en la tierra, en cada etapa, la configuración indeleble de su espacio social. Se aprecia la fuerza poética de todo movimiento de «retorno» en contextos distintos: en el regreso al hogar familiar durante las vacaciones de verano, que, a la vez, es una vuelta geográfica y un retorno ilusorio hacia nuestra infancia, o, tomando el ejemplo de las giras teatrales, en el placer que los protagonistas sienten cada noche al reencontrarse en el mismo espacio escénico, aunque sea en ciudades distintas.

Y, a pesar de todo, los antiguos guerreros de todas las batallas, desde Ulises, siempre tuvieron problemas al hacer frente al regreso, sin duda porque es la prueba de lo irreversible del tiempo. En el momento en que regresamos algo ha cambiado, aunque solo sea la mirada con que observamos el mundo exterior. (Cuando Proust regresa a Illiers le decepciona la estrechez del paisaje).

Surge en este punto una pregunta: la felicidad de la creación. Como la creación del actor que interpreta una escena, que sigue la «guía» del público. O la del autor, que necesita saber que leen sus obras, o que al menos algunos las entienden, para ser feliz con la escritura; a veces, los propios «placeres de la escritura» constituyen el mismo milagro, a sus ojos, que los placeres de la vida.

Las alegrías fugitivas son reveladoras: cuando desaparecen, salta a la vista que las necesitamos. Confinados a la cama de un hospital, sabemos medir el premio que constituye hasta el menor paseo por la ciudad. Más allá de eso, nos dicen algo de la relación social y de la soledad, del pasado y del futuro. Y también de la desigualdad actual de los destinos: los migrantes sin esperanza de volver a sus casas tal vez conocerán momentos de felicidad, pero están condenados a vivir en el futuro, atrapados para siempre en el heroísmo cotidiano.

La edad, por su parte, no es una condena para no gozar de las pequeñas alegrías. Quizá es más bien una condición necesaria para descubrirlas, una vez nos hayamos desprendido de las promesas del Juicio Final, de la resurrección de la carne y de los cuerpos gloriosos. La edad autoriza una experiencia de alegrías compartidas entre generaciones, la única prueba tangible de la existencia de un ser humano genérico, independientemente de su origen, sexo o fecha de nacimiento. El inventario de las alegrías relacionadas con la edad no está, por lo tanto, reservado a la etapa de la senilidad, contrariamente a lo que Cioran afirmaba con su alegre pesimismo.

Este libro habla de los instantes de felicidad, de las impresiones fugaces y de los frágiles recuerdos; no pretende elaborar una «metafísica de la felicidad» (Badiou). Pero el tema obliga a quien lo aborde a utilizar ejemplos personales, porque son los únicos que pueden tratarse con un mínimo de pertinencia. Así, se dibuja un esbozo a lo largo de las páginas, una especie de autorretrato anacrónico del autor, que reivindica su papel en la distribución de las pequeñas alegrías, lo cual dotará al texto del estilo de un diario de a bordo algo desordenado. Este «diario» quiere entrar en diálogo con el lector, convertirlo en testigo, como en una conversación, hablar con él de lo que sucede a nuestro alrededor, aunque esto llegue a desmentir la posibilidad de momentos felices, como sucede a menudo en nuestro mundo, en el que se alterna la tragedia con lo ridículo, las amenazas con las exaltaciones; un mundo donde todos nosotros intentamos, cada uno a su manera, «cultivar nuestro jardín», como invitaba Voltaire.

1

Las pequeñas alegrías pese a todo

¿Por qué desde hace tiempo me intriga, me provoca y me tienta, a la vez que me inquieta vagamente, el impulso de escribir sobre la felicidad o, mejor dicho, sobre esas pequeñas alegrías que la componen? No hablo de las alegrías que han huido, las que ya no están (como la «felicidad pasada» que cantaba Trenet en «Que reste-t-il de nos amours?»), sino de las alegrías en presente. Atención, no voy a hacer un llamamiento, ni mucho menos a dar una orden: «¡Sed felices!». No se trata de eso: yo quiero hablar de las alegrías, que es un término más modesto, incluso en plural; de las alegrías que superan la época, el terror, la edad o la enfermedad, de las alegrías que yo denominaría que existen «pese a todo». Las que nos permiten resistir cotidianamente, porque aparecen frente a nuestros desconciertos o a nuestras reflexiones, con las que nos cruzamos en la calle como si fueran amigos nuestros, por azar, o como un rostro desconocido pero de perfil familiar.

Sí, ¿por qué, por qué?

Pues porque tengo la impresión de que estas alegrías son tenaces y no van a disolverse en no sé qué pesadumbre general, ni mucho menos frente a la angustia difusa o el pánico generalizado que suscitarían hoy en día, por ejemplo, las amenazas de unos locos que actúan en nombre de Alá. Son alegrías privadas, independientes del contexto general. Algunos espíritus puntillosos las tacharían de egoístas. En verdad, sería mejor calificarlas de insumergibles, porque sobreviven a las tempestades que quiebran el alma y a las inundaciones que la asfixian y la ahogan. Cuando era pequeño, me contaron la historia de un general estadounidense que, del día D, recordaba, sobre todo, el resfriado que lo había atormentado durante esa jornada. Sin duda, no era indiferente al resultado de la batalla ni a la muerte de los que sirvieron a sus órdenes. Pues bien, mi idea es sugerir, e incluso sostener, que hay alegrías parecidas a ese resfriado: cuando surgen, se resisten a todo, acaparan la imaginación de un individuo y permanecen en su memoria incluso en los momentos más difíciles de su existencia, incluidos los acontecimientos más dramáticos y las catástrofes más mortíferas. Son las «alegrías pese a todo».

Pero el lector me preguntará cuáles son esas alegrías. ¡Ejemplos, queremos ejemplos! Es una pregunta natural, pero difícil de responder, pues esas alegrías, esos instantes de felicidad, son por definición individuales. No se puede redactar una lista de ejemplos. Sin embargo, cada uno de nosotros, por poco que reflexione con franqueza sobre ello, verá cómo se perfilan de manera más o menos límpida, a veces ligeramente desdibujados, sobre la pantalla de su memoria.

Son las alegrías sencillas: basta que nos despojen de ellas para que reparemos en lo mucho que las necesitamos en nuestra vida. La causa de dicha privación puede ser múltiple, grave o no, individual o colectiva: una enfermedad, un ingreso en el hospital, una guerra… Estos «obstáculos» permiten definir mejor los límites de lo que impiden o hacen que sea posible y, por fuerza, ponen de manifiesto la imperiosa necesidad que sentimos. Así, estar ingresados en el hospital nos priva instantáneamente de nuestra libertad de movimientos; estamos condenados a residir en ese lugar, a veces prisioneros en la cama de una habitación en la que convivimos con más pacientes. No digo que esta situación nos impida experimentar pequeñas alegrías puntuales, pero sí que quiero incidir en su capacidad para hacer que sintamos de repente que nos faltan una serie de cosas; por contraste, y en retrospectiva, nos damos entonces cuenta de su importancia. Si se nos priva de movimiento, advertimos que es una experiencia de libertad agradable. ¿Qué no daríamos por volver a pasear por la calle y detenernos frente al quiosco e intercambiar con el vendedor algunas frases vagamente fatalistas sobre el estado del mundo actual, o por ir a tomarnos un café solo en la barra del bar más cercano, o por vagar por el barrio sin pensar en nada…? Estos son desplazamientos en nuestro espacio que ocupaban un lugar tan naturalmente habitual en nuestro día a día que nos olvidamos de ellos. Tomar un café no nos procuraba siempre una satisfacción particularmente intensa, informarnos sobre la actualidad, todavía menos, pero basta con vernos privados de esas pequeñas libertades para apreciarlas y, aún más, para echarlas de menos; entonces nuestra reivindicación se vuelve más modesta y esencial a la vez. Como si nos diéramos cuenta de repente del hilo que enlaza nuestros días y que nos ayuda a vivir.

En 1972, mi abuelo ingresó en el hospital de Concarneau aquejado de una grave enfermedad del intestino.

Fui a verlo y, aprovechando la calma momentánea que le había procurado un tratamiento local de anestesia, le habían autorizado a tomarse medio día libre para ir a su casa, a menos de diez kilómetros de allí. *A priori,* no había nada que celebrar ante la situación, que se presentaba tanto para él como para nosotros como el último viaje al hogar que yo había visitado regularmente durante más de veinte años, en las vacaciones escolares, y donde nos alegrábamos de reunirnos todos siempre que podía escaparme a la Bretaña, cosa que había ocurrido recientemente. A la ida, me sorprendió su ímpetu: volvía a charlar por los codos, a bromear. Estaba exultante y encantador, desgranaba al taxista, que lo escuchaba con paciencia, los notables méritos de su nieto. Fue una revelación: comprendí que había perdido toda esperanza de regresar a su casa y que ya había experimentado su duelo. Y que esa escapada era como una resurrección, una especie de venganza contra la fatalidad. Llegamos a la casa, nos sentamos y nos instalamos, como de costumbre, en la mesa de la cocina. Hablamos poco. Evocamos a mi abuela, que había muerto hacía unos meses. Intercambiamos una o dos sonrisas apacibles sin decirnos palabra.

Al cabo de un rato, mi abuelo se levantó, empujó la puerta del comedor y la miró por última vez. También fue a contemplar el jardín después de cerrar con llave la puerta de casa. Fueron minutos breves y silenciosos, en los que cada segundo cargaba con todo el peso del tiempo, y fue una alegría haberlos vivido juntos; nos lo dijimos cuando nos separamos frente a su habitación en el hospital.

Murió unos días más tarde.

¿Acaso las alegrías pese a todo, las APT, son, en definitiva, alegrías pasadas, recuerdos embellecidos por el tiempo? Sí y no. Son los instantes que, al contrario de lo que suele suceder con el tiempo, se graban en la memoria de manera consciente; se aferran al cuerpo y movilizan todos los sentidos. Sabemos que siempre estarán disponibles. No están sometidos, como la magdalena de Proust, al catalizador de una sensación recuperada. El flujo de sensaciones que las acompaña, o, mejor dicho, que las constituye, nunca se agota, jamás desaparece para volver a surgir de improviso. A veces resumimos las cosas de manera inexacta y decimos que jamás olvidaremos tal o cual momento, lo que constituye una verdad a medias, porque no siempre se conservarán en nuestra mente; solo volverán, a veces por azar y a veces porque los convocamos. Todos los sentidos intervienen en la creación de las alegrías pese a todo. La vista y el oído son determinantes en la escena de mi último encuentro con mi abuelo; la reproduzco ralentizada en mi memoria, porque, en el mismo momento, reconocí actitudes familiares. Nos veo, sigo las inflexiones de su voz, el modo en que se pasaba la mano por la garganta antes de exhalar un suspiro, rápidamente seguido de un silencio cansado, o, por el contrario, la verborrea algo fanfarrona con la que, mientras estiraba la cabeza hacia atrás imperceptiblemente, le contaba nuestra vida al taxista. Además del recuerdo siempre presente de la presión que ejercía su mano crispada en mi brazo —gesto que era habitual en él, pero que aquel día sin duda le imprimía una intención particular—, el recuerdo de un recuerdo completa la escena al instante: mi abuelo era un gran cocinero, y me había pasado largas horas en la cocina donde nos vimos por última vez observándolo mientras doraba con paciencia patatas en una cacerola de hierro fundido sobre la cocina económica, patatas «al estilo del abuelo». Aspiraba el aroma que desprendía esa olla con voluptuosidad, saboreaba anticipadamente su firmeza crujiente y la lenta explosión de carne tierna que se fundiría en mi boca cuando las probara.

La mera evocación de esos días que ya han pasado me asegura que he conocido momentos de pura felicidad, más que la nostalgia o la melancolía.

Una felicidad compartida hasta la lucidez silenciosa de sus últimos instantes.

2

¿Ser o no ser?

Es bien sabido que la pregunta preocupa a la humanidad desde hace mucho tiempo. ¿Por qué hemos nacido? ¿Por qué soy yo, por qué soy como soy? Es lo que nos preguntamos a veces en las primeras etapas de la infancia, cuando los interrogantes filosóficos surgen espontáneamente. Un azar totalmente caprichoso ha desencadenado una serie de consecuencias de las que no sabría cómo escapar. Feliz o infeliz, siempre seré el producto de ese instante arbitrario e inicial que me define y que, por definición, se me escapa. Pero si ignoro por qué yo soy yo y no otro, y si simplemente desconozco por qué soy, esta evidencia se impone como una necesidad indiscutible, como el punto de partida que no puedo cuestionar si no es pagando el precio de una contradicción esencial, de una negación imposible e impensable.

En cuanto a mi yo, capturado a través de una serie de experiencias sensoriales, no es ni mucho menos una presa estable y garantizada. Su diversidad y variabilidad son una experiencia habitual y banal. Además, sabemos perfectamente que toda identidad supone una alteridad. Todas las codificaciones sociales, en todas las culturas del mundo, se basan en esta constatación para

enunciar las reglas de la educación y construir jerar-
quías supuestamente basadas en la naturaleza.

Marcel Mauss señalaba que, sin embargo, la conciencia
de una existencia singular es un hecho general. Pero cada
individuo debe realizar un esfuerzo colosal de imaginación para concebir la singularidad subjetiva del otro. Una
vez superado el asombro de ser quien es, el individuo se
enfrenta a la necesidad de pensar en el yo del otro. Es
decir, escapa de una primera dificultad para caer en otra,
que, en el fondo, es un repetición de la primera.

En la práctica, el solipsismo es una tentación per-
petua, y cabe suponer que las grandes derivas dictato-
riales caen en ello: para algunos, el yo de los demás no
puede compararse con la evidencia íntima e intensa de
su propia relación con el mundo... y con los otros.

La identidad se construye con el otro, y es bien
conocida la importancia del entorno de amistades, es-
colar y familiar en la formación de una personalidad
individual. La relación con el otro a veces constituye
una verdadera prueba, todavía más difícil de superar
por cuanto quienes nos la imponen no son conscientes
de ella. Algunos recuerdos de mi propia infancia me
ayudarán a ilustrar esta afirmación. Mi primera y más
fundamental experiencia metafísica se remonta a 1942
o 1943, cuando comprendí que mis padres me habían
mentido acerca de Papá Noel: lo supe cuando, con as-
tucias sigilosas, entraron en mi habitación para dejar
frente a la chimenea el regalo que el barbudo de cha-
queta roja tenía que traerme; un regalo modesto, pues
eran tiempos difíciles para todos y, al parecer, también
para él. Pero yo no estaba dormido, aunque me esforzaba por mantener los ojos cerrados, consciente de que

cometía una especie de sacrilegio. Cuando, dos o tres años más tarde, me dieron a entender que Papá Noel no existía, les oculté a mis padres que ya hacía bastante tiempo que me limitaba a fingir que creía en él. No quería causarles dolor, pero hoy creo que, voluntariamente o no, me ayudaron a crecer brindándome la ocasión de mentir, a mi vez, por delicadeza.

Claro está que empecé a sentir el mismo escepticismo a muy temprana edad con respecto a la existencia de Dios, representado con los rasgos de otro anciano barbudo. Mi padre no creía ni en Dios ni en el diablo, pero mi madre no poseía la misma audacia, y yo hice piadosamente mi primera comunión y postergué el momento en que le confesaría que esa vez volvía a estar despierto aunque fingiera dormir.

La noción de la salvación es consustancial al monoteísmo. Pero ¿de qué debía salvarme? ¿Qué había hecho yo? En la visión que las religiones tienen de la salvación, la suerte de cada individuo depende de su relación con el Dios único; quizá ese sea el origen posible de una relación exclusiva a todas las demás, de una forma ciega de misticismo que constituye la respuesta al asombro inicial que sentimos al tener que definirnos como una conciencia subjetiva. Entonces, el riesgo es que el otro ser humano le sea arrebatado; que no se encuentre en este cara a cara iluminado entre un sujeto humano único y el Dios ante el cual se abandona. «Alegría, alegría, alegría, llanto de alegría», exclamó Pascal después de su «experiencia» solitaria de la noche del 23 de noviembre de 1654.*

* Se refiere a la noche de conversión religiosa que experimentó el matemático Blaise Pascal cuando, tras sobrevivir a un accidente

Las posibilidades de salvación del místico que cree en una relación de privilegio con el Dios Salvador no tienen nada que ver con las obras. Cuando el ego «se olvida de Dios», como sucede en el sufismo, ¿dónde quedan los demás?

La alegría de Pascal me aterra. En mis tiempos, las asignaturas escolares seguían una progresión sabiamente histórica: la Edad Media, en quinto; el siglo XVI, en cuarto; el XVII, en tercero; el XVIII, en segundo curso, y, finalmente, el Romanticismo y el siglo XIX, en primero,* a la edad en que las angustias adolescentes se volvían más insistentes. No cabe duda de que las reformas posteriores que se han producido no están mal, pero esta organización del aprendizaje tenía el mérito de hacer esperar y desear lo que venía después: viví mi entrada en el segundo curso, desde este punto de vista, como una especie de liberación. Accedía a las luces del siglo XVIII.

Para mí, fue el inicio de un período de dudas políticas que aún hoy perdura.

¿Acaso la felicidad no tiene una dimensión necesariamente social? Al menos, ese era el punto de vista de los revolucionarios franceses, y el sentido del discurso

---

en el puente de Neuilly y después de que su carruaje quedase colgando a punto de caer en el abismo, se salvó *in extremis*. La noche del 23 de noviembre de 1654, Pascal vivió una iluminación y un éxtasis y decidió consagrar su vida a Cristo y a la reflexión filosófica y religiosa.

* En la escolarización francesa, los cursos van en orden ascendente: de *sixième* (sexto) a *première* (primero) y *terminale;* estos dos últimos cursos son equivalentes a nuestro actual bachillerato.

que Saint-Just pronunció en marzo de 1794 frente al Comité de Salud Pública inspira a quien lo lea hoy en día una emoción sobre cuya naturaleza quizá se interrogue: «Que Europa comprenda que no queréis infelices u opresores en tierra francesa; que este ejemplo fructifique por el mundo, que propague el amor por la virtud y la felicidad. La felicidad es una idea nueva en Europa».

Esta emoción tiene varias causas. El discurso de Saint-Just afirma la existencia de los otros y la necesidad de transformar sus relaciones para que sean felices. La nueva idea de la felicidad pasa por la desaparición simultánea del opresor y de los oprimidos. La primera dificultad se plantea con la definición de opresión y con la identificación de los opresores. Saint-Just enunció su ya famosa frase sobre la felicidad como una idea novedosa también en 1794, año en que además pronunció el discurso que envió a Danton a la guillotina, en abril, y en junio participó en la victoria de Fleurus, que salvó la República, antes de que su vida terminara en julio, cuando fue guillotinado junto a Robespierre. La generación de estos jóvenes (Saint-Just murió a los veintisiete años) vivió a un ritmo desenfrenado, y solo podemos sentirnos fascinados por la intensidad de este breve período histórico sembrado de sangre y de discursos llenos de talento y de referencias a la Antigüedad. También cabe preguntarse si, al buscar con tanta ansia la felicidad del pueblo, no se corre el riesgo de sacrificar vidas y destinos antes de caer en la habitual vulgaridad de lo cotidiano. Hay algo perturbador en la fascinación que la muerte ejerce en aquellos que condujeron la revolución durante unos meses y fueron los artífices de la muerte de sus compañeros, antes de acabar también sobre el cadalso. La felicidad, según Saint-Just, está hecha a imagen de aquellos sobre los que quiere aplicarla y es, por lo tanto, inasible. Es un poco como si los grandes revolucionarios fueran místicos sin Dios, conscientes en su tiempo del alcance de su visión y de sus palabras para obtener una forma de satisfacción altiva y solitaria, a la cual no osaríamos calificar de felicidad.

El episodio revolucionario, marcado a la vez por luchas internas y por la guerra con la Europa de la alianza de los príncipes, está compuesto por instantes que exaltaron a sus autores y a quienes tuvieron la suerte o la desgracia de convivir con ellos. ¿Cómo valorar lo que pudieron sentir esos jóvenes y tratar de convertir su «gran narrativa» en historia?

La novela ha explotado esa «felicidad heroica», por tomar la expresión de Boris Cyrulnik, y la imagen de los que la encarnan es un rostro bifronte: el de un individuo que parte en busca de la felicidad en el amor y el de un hombre de acción que desea doblegar la historia según su voluntad y lograr así la felicidad de todos.

De Stendhal a Malraux, estas dos figuras masculinas que, de hecho, se solapan, animarán el terreno de la ficción. Y podríamos utilizar ese género literario como un indicador histórico de las variaciones sobre la idea de la felicidad y su progresión en el mundo.

«La gente feliz no tiene historia», afirma un proverbio francés. La conclusión natural sería que los personajes de las novelas y de la literatura en general rara vez se nos presentan como seres felices. O que, puesto que la felicidad es tan difícil de definir o de capturar, siempre fugaz, quienes se lanzan en su búsqueda, «a la felicidad por el azar», tienen todos los números de no poder contarlo si no es en tiempo pretérito, es decir, cuando miran hacia atrás y ceden a la tentación de la nostalgia o a la renuncia, una forma de apaciguamiento que podría pasar por sabiduría, como sucede al final de *La educación sentimental,* de Flaubert. «Quizá es lo mejor que tuvimos»: Frédéric Moreau y su amigo de la infancia, Deslauriers, se reencuentran «de vuelta de todo», como suele decirse, el primero, de sus sueños románticos y el segundo, de su ambición política, y evocan con una sonrisa un episodio poco glorioso de su juventud, una escapada frustrada a un burdel de Nogent.

De este modo, la felicidad aparece como una noción temporal que puede revestirse de dos aspectos: el de la nostalgia individual, es decir, una mentira que afecta al pasado, o el de una utopía colectiva o una mentira que afecta al futuro. En ambos casos, es una ilusión o, en opinión de Freud, la expresión de un deseo, espontáneo en el primer caso e inducido en el segundo. Y si el tiempo es la materia prima de la novela, no debe sorprendernos que la búsqueda de la felicidad en la ficción, fructuosa o no, se convierta en el tema dominante bajo diversos avatares. Desde ese punto de vista, *La educación sentimental* constituye la novela del desencanto: tanto la aventura amorosa como la aventura política, una vez finalizadas, concluyen con la amistad reanudada de dos héroes desengañados de sus ilusiones acerca de sí mismos. El propio título de la novela es un programa a partir del cual podríamos destacar paradójicamente tanto su optimismo como su pesimismo: ¿acaso terminamos de adquirir en algún momento la «sabiduría» práctica a la cual lleva la educación de los sentimientos? ¿O es que la edad nos empuja de manera fatal a no hacernos ilusiones?

Nada es menos cierto.

Las ilusiones sobreviven a la edad y la mirada «lúcida» con que observamos el pasado no nos garantiza nada de cara al presente y al futuro. Al fin y al cabo, nuestras previsiones a menudo son miopes y el presente suele tomarnos por sorpresa. Tanto en la vida privada como en la pública, el futuro conserva su imprevisibilidad, para bien o para mal. Así pues, estamos condenados a vivir en busca de «la felicidad por el azar», a reaccionar ante los acontecimientos: todavía es posible un encuentro, un descubrimiento, un accidente. Nuestra reacción frente a lo imprevisto será una sorpresa en sí misma: en ese sentido, todos somos creadores.

A veces cedemos a la tentación de «rememorar el pasado», como suele decirse. Se trata de un ejercicio peligroso, que puede limitarse a un currículum de estilo profesional, pero, como bien sabemos en el fondo de nuestro corazón, constituye una excusa para convencernos del carácter ordenado y tranquilizador de un recorrido que aún no ha terminado. Pero también puede ser un momento de franqueza y de sorpresa: ¿qué habría ocurrido si mis compañeros de universidad no me hubieran propuesto, una noche en que salimos a tomar algo, ir a trabajar a África y a conocer su cultura? Sin duda me habría convertido en un especialista en literatura francesa. A menos que otro encuentro me hubiera llevado por distintos derroteros. Los encuentros al azar que han tenido un impacto perdurable en nuestras vidas tal vez no se habrían producido. Si no hubiera perdido el tren… Si me hubiera quedado en casa esa noche… Si mi amigo Dupont no me hubiera propuesto salir a dar una vuelta… Una serie de pequeñas casualidades, que se combinan bajo la mirada del que trata de recordar, reconstruyen el tejido del pasado en relación a cómo nos definimos hoy. De hecho, inventamos nuestras vidas, y lo arbitrario de lo que acontece, si lo aceptamos, podría pasar por el producto de una creación y la fuente inesperada de un instante de plenitud y de felicidad.

3

Alegrías y creación

La educación sentimental tiene un autor. Flaubert no se confunde con su protagonista. Si bien un autor utiliza elementos personales para imaginar a sus personajes, este crea una historia específica para ellos, y ese acto de creación escapa a la definición en términos de felicidad o de desgracia. El autor aspira a ser leído y depende de sus lectores. La satisfacción que le aporta la certidumbre de llegar a ellos no tiene nada que ver con la vanidad, sino que se parece más bien al sentimiento íntimo de una relación que aleja el espectro de la soledad. Es el resultado de un recorrido dentro y fuera de sí, de una aventura, diríamos, en la que la lectura de los demás, la lectura por los demás, no es el fin, sino una especie de reinicio: la historia leída por otros será interpretada, y quizá reinventada, por ellos; tal o cual fórmula capturará quizá la sensibilidad de alguno de los lectores. En fin, es posible que el autor se convenza de que no está solo en este mundo o, más bien, de que en la idea de estar presente de manera indirecta en la imaginación de los otros hallará una prueba de vida.

Así pues, es comprensible que los grandes intérpretes, cantantes, músicos o actores dependan de la reacción del público, conscientes de la relación privilegiada que tienen la fortuna de establecer con él por unos instantes. El autor solo conoce esos momentos de efervescencia en ocasiones muy concretas, cuando tiene la suerte de encontrarse con una parte de su público en un coloquio, una presentación o un festival. Lo más habitual es que espere establecer, casi a escondidas, una relación con lectores que seguirán siendo desconocidos para él, pero con el conocimiento de que ellos sí que se formarán una cierta idea de su persona. Esa existencia en la imaginación de los demás es más duradera que las ovaciones de una noche, pero debe manifestarse de vez en cuando mediante señales tangibles. Un encuentro concreto con un verdadero lector puede exacerbar en el escritor la conciencia de sí mismo y demostrarle que lo que trataba de explicar en su libro se ha entendido, o incluso que lo han entendido más allá de lo que pretendía decir, como si su texto se hubiera independizado y plegado a los deseos de otro. Si la felicidad está relacionada con la certidumbre de que existimos, los escritores pueden experimentar momentos de pequeñas alegrías.

También los lectores o espectadores, de manera simétrica, conocerán instantes de alegría al experimentar la obra de un creador.

Y es que la certeza de que existimos precisa de la prueba del otro. «Los enamorados están solos en el mundo», dice una canción que resume el ideal de la soledad en pareja, hacia donde tiende el amor que calificamos de «fusional». La seguridad de ser feliz necesita del encuentro con el otro, pero también sabemos que el amor nace y muere, y que no puede mantenerse mucho tiempo en el estado incandescente cuyo resplandor iluminaba de repente el mundo exterior, y no solo el rostro del ser amado. Durante un tiempo, el enamorado contempla a los demás, la vida y el mundo con ojos nuevos. Vive intensamente, se siente vivo. «Es por estos raros momentos por los que merece la pena vivir», escribía Stendhal en *Lucien Leuwen*. El amor es la prueba combinada del otro y del tiempo. Hay algo de esa doble prueba en el acto de escribir, que, en ese sentido, es un acto de amor, una prueba de vida y un impulso hacia un otro desconocido pero irremediablemente presente en la conciencia del que escribe.

El fulgor del instante de alegría no es, sin embargo, la última palabra del amor. Aparte de que la soledad en pareja es en el fondo una doble soledad que, a la larga, revelará su verdadera naturaleza, hace falta querer amar: desde ese punto de vista, el autor es el modelo del enamorado y no a la inversa. Persevera, escribe y vuelve a escribir. Al final, mantiene con su obra una extraña relación: puesto que ya no se reconoce en algunas páginas, del mismo modo que olvidamos fragmentos enteros de nuestro pasado, sentirá la tentación de volver a incluirlos por un recorrido al que quiere ser fiel. El autor de una cierta edad y sus libros son como una pareja que lleva años junta. Ilustran la virtud de la perseverancia sin renunciar a seguir avanzando por el camino. Todo terminará un día, pero, mientras tanto, la vida sigue. La vida; es decir, no la rueda libre del que se deja caer por una pendiente, sino el esfuerzo sostenido por caminar hacia los demás.

Hay una virtud en la felicidad: si se somete al azar del encuentro y del acontecimiento, quizá vayamos en busca de ese azar, adrede, y, una vez lo encontremos, sabremos que debemos seguir buscándolo. Cioran, en sus *Silogismos de la amargura*, parece afirmar precisamente lo contrario: «La felicidad es tan escasa porque no llegamos a ella hasta después de la vejez, en la senilidad, un favor del que gozan pocos mortales». Pero, en el capítulo titulado «La vitalidad del amor», nos confiesa: «Seguimos amando… a pesar de todo, y ese "a pesar de todo" contiene un infinito». La felicidad activa, por llamarla así, queda inacabada por naturaleza; la vana búsqueda de su ideal asintótico la persigue, pero jamás le da caza. En cuanto a la senilidad, es una muerte anticipada, la indiferencia de aquel a quien ya no le preocupan ni los amores muertos ni la felicidad que se escapa.

Así pues, virtud, azar y felicidad crean un *ballet* de reglas claras que los acerca, pero que jamás les permite unirse. Sin duda, las concepciones de la felicidad son diversas, pero, si esta no es una abstracción, se mide según el individuo; como hemos dicho, es una noción fundamentalmente individual. En este sentido, es digna hija de la Ilustración. Sin embargo, el individuo solo se define y se construye en relación con el otro: lo singular solo tiene lugar en la relación, por citar a Jean-Luc Nancy. La felicidad se persigue y se busca, según ciertas metáforas, pero se construye y se consolida según otras. Dicho de otra forma: mantenemos una relación pasiva y activa con la felicidad; es cuestión de suerte o de mala fortuna, en cierta manera, pero también de determinación, de fuerza y de voluntad, es decir, de virtud en el primer sentido del término, en el sentido de la *virtù* de Maquiavelo. Pues, si la felicidad global fue y aún es un ideal revolucionario, la felicidad individual sigue siendo la piedra de toque. «Es la afirmación de cada uno lo que la comunidad debe convertir en algo posible», como dice Jean-Luc Nancy en la entrevista que concedió a Juliette Cerf, publicada en el *Télérama* del 14 de julio de 2012.

4

Idas y vueltas

A las compañías aéreas les gusta más vender trayectos de «ida y vuelta» que de «solo ida». Es como si hubiera algo sospechoso en la idea de partir sin un regreso previsto, algo parecido a un deseo de ruptura, de huida del lugar que normalmente nos define. La propia expresión «ida y vuelta» implica una cierta idea de velocidad: la ausencia será breve y volveremos pronto.

Si la empleamos sola, la palabra «vuelta» libera la imaginación y no implica un itinerario concreto. La carga poética del término se debe a que emplea un doble registro: el tiempo y el espacio. Y este doble registro es el que determina la ambivalencia de la palabra, que puede expresar una simple repetición, pero también una novedad radical, una rutina o una experiencia.

Las sociedades nómadas siguen en principio un mismo itinerario, cuyas distintas etapas corresponden en general a las condiciones climatológicas favorables, por ejemplo, o a la alimentación de sus rebaños (la trashumancia es un buen ejemplo de nomadismo europeo todavía vigente). Pero, en cada etapa de su camino, los fulani reescriben en la tierra el mapa estricto de su pueblo ambulante. No hay nada menos itinerante que el nomadismo que se concibe así: las sociedades nómadas son las sociedades del eterno retorno.

En general, sabemos que el regreso de las estaciones dota de un modelo de organización a numerosas sociedades y marca el calendario de actividades: impone plazos a los cuales las sociedades campesinas sedentarias deben prestar atención, so pena de hambruna y carestía. La repetición es la norma de varios grupos sociales, ya sean sedentarios o nómadas; así, toda violación del orden del mundo puede constituir también una violación del orden social.

El lazo que nos une al lugar donde nacimos o al origen de nuestra familia corresponde a una forma de nomadismo familiar que es de orden parecido. Las vacaciones fueron y siguen siendo, para muchos ciudadanos modernos, la ocasión de reencontrarse con su entorno de origen, con sus «raíces», y ese «regreso a los orígenes», cuando se produce regularmente, se asemeja a una forma de nomadismo en el sentido tradicional del término: el regreso al lugar de origen coincide en la mayoría de los casos con la vuelta a la hermosa estación de la infancia, a las vacaciones de verano.

El nomadismo común puede suscitar formas de nostalgia, de un deseo de volver que es, a la vez, la expresión de un vacío y de una espera, complicada por el hecho de que los recuerdos que están ligados a nuestro lugar de origen son recuerdos de infancia; el retorno al que aspiramos es, entonces, espacial y temporal al mismo tiempo. El primero puede satisfacerse, el segundo es imposible. De ahí la ambivalencia de la nostalgia, ese sufrimiento que es un placer y viceversa.

La vida en general nos coloca en situaciones de ida y vuelta que no siempre generan reacciones afectivas, al menos no en un primer momento. Pero a veces surgen momentos intensos, encuentros amorosos o amistosos (pensemos en el lago Bourget para Lamartine o en el de Bienne para Rousseau): el regreso a esos momentos es imposible, y volver a esos lugares es una prueba («¡Mira! Vengo solo a sentarme en esta piedra, / donde tú viste cómo se sentaba ella», dice Lamartine en «Le lac»). Son instantes susceptibles de convertirse en la materia prima de una expresión literaria porque apuran al máximo la tensión entre el espacio y el tiempo. Esa tensión puede tener distintos aspectos: nada ha cambiado en el paisaje que Lamartine evoca, solo el tiempo que ha transcurrido. Pero sucede que el tiempo también actúa sobre la percepción del espacio. Proust, de vuelta en Illiers, encuentra un paisaje encogido, que ya no tiene la medida del que exploraban sus curiosos ojos infantiles. Solo a través de la escritura podrá restituir las dimensiones desaparecidas.

Hace algún tiempo llevé a cabo un experimento, sin duda banal a ojos de los profesionales que suelen practicarlo, pero que para mí fue una revelación. Lo primero que me llamó la atención fue la sensación de felicidad que sentía y cuyas múltiples causas no llegaban a explicar su génesis ni a agotar su significado. Formé parte de una compañía de teatro que, de 2010 a 2012, realizó varias giras por Europa. Cada vez que me avisaban de un nuevo viaje, me invadía un júbilo desconcertante. Evidentemente, en esa experiencia nueva había algo excitante; además, los compañeros con los que me reencontraba en cada ocasión eran agradables y habíamos tejido relaciones de franca camaradería cita tras cita. Pero la gira aportaba un elemento específico en comparación con la estancia en Aviñón que había inaugurado esa aventura. El hecho de reencontrarme con el resto de la compañía, de hecho, formaba parte de los motivos por los que la gira me hacía feliz. Esta nos llevó a una veintena de ciudades de Suiza, Francia, Luxemburgo, Alemania, Italia y Polonia. Ya había visitado algunas de ellas, pero, de todas formas, no era el atractivo turístico lo que alimentaba mi alegría renovada cada vez que partíamos o, mejor dicho, llegábamos. Pues, apenas dejábamos las maletas en el hotel, me acercaba al teatro y me deslizaba hacia la sala, donde ya trabajaban los técnicos; un poco más tarde, Massimo Furlan se subía al escenario y comenzaba a ensayar. Aquí debo abrir un paréntesis sobre la actuación colectiva que realizábamos, pues tiene relación con el tema que nos ocupa.

Massimo Furlan, el actor y creador del conjunto del espectáculo, había imaginado la reproducción de las emociones que de niño le había inspirado el reportaje sobre el concurso de Eurovisión de 1973. Para ello, encarnaba a un cantante mediocre, Pino Tozzi, al que interpretaba una y otra vez, e iba cambiando de personaje y de ropa según la actuación y las distintas canciones que competían en esa época. Era un homenaje de Massimo a su infancia aparentemente feliz, a los cantantes y a las canciones que lo habían marcado y al acontecimiento excepcional que para él constituía que le dieran permiso para quedarse a ver la televisión durante toda la noche, mientras tenía lugar ese espectáculo. Yo intervenía un momento como padre de Pino y en otra escena colectiva en la que hablábamos de la canción, de la memoria, de la edad y de todo lo que se nos pasaba por la cabeza (era la parte de improvisación de la actuación) antes de que terminase el espectáculo. Nuestro tema, en suma, era la evocación de una alegría de la infancia.

Massimo seguía ensayando, los técnicos se dedicaban a ajustar la iluminación y el sonido y yo me esforzaba por no molestarlos y paseaba entre bambalinas o me contentaba, sentado en una de las butacas de la sala, con admirar la decoración. Era más bien espartana: una cortina, tres sillas, una planta y un micrófono, pero siempre idéntica y sometida a los mismos efectos de luz. Es decir, que, sin importar dónde me encontrara, siempre estaba en el mismo lugar, en la intimidad de ese foco de luz cuadrado, desde donde, por la noche, ya solo percibía al público como una masa oscura, vibrante y a veces tan atenta que uno creería ser capaz de escuchar el silencio. Ningún lugar me ha proporcionado con tanta fuerza el sentimiento de un lugar pleno y permanente, de un lugar donde reencontrarme. Bastaba con dar unos pasos y empujar una puerta para estar en otro sitio, en una ciudad extranjera en la que apreciaríamos, cuando la noche hubiera concluido, el gentío y sus bebidas. Pero el espacio reservado del escenario y las cortinas tras las cuales estaban dispuestos, en un orden inmutable, los distintos trajes que permitían a Massimo cambiar en unos segundos de apariencia y de identidad era siempre el mismo. Y no importaba dónde estuviera, era siempre hacia ese espacio adonde me dirigía de vez en cuando, en tren, en coche o en avión, para reencontrar con la pequeña compañía de teatro, al mismo tiempo que mi lugar, alguna señal o prueba de mi existencia. El contraste entre la diversidad de las ciudades que recorríamos y la permanencia del dispositivo teatral siempre me ha inspirado una forma inmediata de felicidad. Sin duda porque, sin importar cuál fuera la ciudad donde tenía lugar la representación, vivía el viaje que me conducía a ella como un retorno.

5

Ulises o el imposible retorno

Las transformaciones aceleradas del mundo urbano y rural de nuestro tiempo conducen a experiencias muy distintas del tiempo y del espacio, en las cuales se cuestionan simultáneamente todas las dimensiones. Tal vez el destino de la sociedad de consumo sea producir y vender potentes herramientas de registro que aportan a quienes las usan la prueba definitiva de que han viajado de veras hasta un lugar determinado. Las masas de turistas que se sacan una foto delante de la torre de Pisa o de Notre-Dame «inmortalizan», como suele decirse, ese instante de su existencia; podrán volver a verlo, si no a revivirlo, a voluntad, y aún más dado que la grabación o la fotografía de ese momento marcó el punto culminante de la visita, tal vez lo único que constituirá un recuerdo con el paso del tiempo. Entonces, lo que cuenta es el retorno de la experiencia, independientemente del lugar en que esta se efectúe. En el mundo global con el que los turistas se ponen en contacto, ¿es útil volver? ¿Tiene sentido la mera noción del retorno? Pensemos en las formas extremas de turismo que puede depararnos el futuro: hay mucha gente rica y afortunada que ya ha reservado su plaza en las naves espaciales que los llevarán a un centenar de kilómetros de altura; allí descubrirán la imagen entera del planeta Tierra como a veces lo habrán visto en las pantallas de sus televisores, pero esta vez sin una interfaz intermediaria. De hecho, habrán anticipado de un solo vistazo todas las idas y venidas posibles. Será sin duda difícil, como suele ocurrirles a los astronautas profesionales, volver a poner un pie en la Tierra inmediatamente después de una experiencia física de cambio de escala, de la que hoy nosotros tomamos conciencia de manera más indirecta.

La instantaneidad y la ubicuidad se convertirán pronto en algo cotidiano y vulgar de la vida de una parte de la humanidad. Pero el tiempo y el espacio son los elementos simbólicos que constituyen las relaciones entre los humanos, y dichas relaciones son esenciales para afirmar la identidad individual de cada uno. Sin importar cuáles sean las modalidades del turismo actual, cada uno de nosotros necesita encontrarse con el otro para realizarse. Así que podemos apostar que dentro de cada turista-consumidor habita un viajero que duerme, pero con un solo ojo cerrado. Un viajero, es decir, un ser que siente curiosidad por los demás porque también la siente por sí mismo y porque el deseo de partir vence en su interior a la satisfacción ilusoria de llegar.

Todo recorrido humano es una odisea. Pero es un retorno sin final porque jamás lograremos encontrar el pasado perdido: el juego del espacio y del tiempo es cruel. Algunas tradiciones afirman que Ulises, al final de su recorrido errante que lo lleva a conocer el mundo de su época, volvió a abandonar su hogar. Sin duda, en busca de sí mismo y, por lo tanto, al encuentro de los demás. *El conde de Montecristo* es la novela de una venganza imposible y de reencuentros también imposibles. Edmundo Dantès hace sufrir a los que lo traicionaron, pero sobre todo a Mercedes, quien, como él, fue una víctima. De lo que no puede vengarse es de la evidencia íntima del tiempo que ha pasado y que lo ha alejado de su pasión juvenil. Ya no quiere a Mercedes, ya no es el mismo hombre que la amó. Da la sensación de que está al borde del olvido, agotado por la idea de la venganza, insensiblemente convencido de que no hay retorno posible. Cuando todavía tiene fuerzas para ello, solo le queda cambiar de vida, de verdad esta vez, para olvidar y encontrar otras alegrías.

Ulises reconoce la constancia de Penélope, pero, según otras versiones, Penélope no fue el modelo de fidelidad que simboliza. Solo su viejo perro, el que lo espera para morir, no se equivoca. La moral de los cuentos que narran el amor entre un príncipe y una campesina («Fueron felices y comieron perdices») no acaba de encajar en el desenlace de la *Odisea*. Ulises, ese personaje de múltiples facetas y de una insondable riqueza humana, ilustra notablemente lo que podríamos denominar el dilema del «viejo guerrero».

En general, todo combatiente que regresa pone a prueba su concepción de la «felicidad». La simple reanudación de una relación amorosa, la recuperación de sus relaciones sociales anteriores y el «volver a empezar» no son precisamente actos sencillos después de lo que acaba de vivir, aunque solo sea por el tiempo que ha transcurrido. El viejo guerrero que regresa está atrapado entre el pasado que acaba de vivir y al que ya no volverá (un pasado que a menudo ya no existe) y un presente que todavía no domina porque acaba de *presentarse,* precisamente, como la consecuencia natural y evidente de un pasado anterior.

Soy consciente de que el resorte novelesco de las historias de antiguos combatientes siempre se activa mediante la oposición de los sexos: Penélope, en casa, espera el retorno de Ulises, un hombre errante; Mercedes, en Marsella, ignora las aventuras de Edmundo; la pareja formada por Hestia y Hermes, tan bien analizada por Jean-Pierre Vernant, es aún la referencia implícita de estas narraciones de movimiento (masculino) e inmovilidad (femenina). Entonces, ¿hay alegrías masculinas y alegrías femeninas? Quizá, sin duda, estadísticamente y algunas veces, pero mi intención aquí es detectar sus orígenes comunes.

Sainte-Barbe-du-Tlelat, hoy llamado Oued Tlelat, es un pueblo que se encuentra a veintisiete kilómetros al sureste de Orán y en el que viví varios meses en 1962. En otras ocasiones he hablado de las semanas de 1961 en las que, durante el transcurso de mi servicio militar, quedé atrapado en la fiebre de la lucha contra la Organización del Ejército Secreto (OAS, por sus siglas en francés), que terminó en el puerto de Orán el 25 de junio, con las llamas del incendio que causó la explosión de los bidones de fuel que los terroristas de la Argelia francesa hicieron estallar.

Tras el incendio, nos destinaron a una granja evacuada por sus propietarios *pieds-noirs;* allí pasamos días apacibles e inactivos. No supimos nada de la masacre contra ciudadanos europeos que se perpetró el 5 de julio en Orán. Nos instalamos durante varios meses allí; excepto varias misiones de escolta hasta Mazalquivir en las que acompañamos a los convoyes que evacuaban el material que se repatriaba a Francia, pasábamos el tiempo como podíamos.

Un día, volvió un subteniente que estaba de permiso después de que nuestro capitán hubiera sido informado por carta de que habían destinado al subteniente a Francia. Le dimos la noticia y se quedó un día con nosotros, pero ya estaba lejos de allí. Recuerdo que me sorprendió el estallido repentino de su rostro cuando por fin comprendió lo que, de forma algo torpe, intentábamos explicarle, porque a nosotros también nos sorprendía su sorpresa, tanto como a él la nuestra, y mezclábamos información, preguntas y exclamaciones en un confuso batiburrillo. Parecía un hombre liberado que no se atrevía a creer lo que le anunciábamos hasta el momento en que lo acompañamos hasta Orán.

A finales de diciembre, también yo disfrutaría de un permiso. Había escrito al coronel encargado de mi regimiento a mi llegada, que había vuelto hacía poco a Francia y al que habían asignado al Ministerio de Defensa, para pedirle si era posible que acabara mis últimos meses de servicio en Francia. Mi regreso a París en avión para disfrutar del permiso fue instantáneo. Me reencontré con mi familia; mi hija mayor acababa de nacer. Recuerdo que me incliné sobre su cuna y ella abrió los ojos justo en ese momento con una sonrisa; nadie quiso creerme cuando lo conté. Decían que apenas tenía unos días y que los bebés tan pequeños aún no sonreían. Llegué a la conclusión de que me había regalado su primera sonrisa. Me acerqué a la Bretaña para saludar a mis abuelos. Las fiestas se terminaron y llegó el final de mi permiso.

Entonces me comporté de una manera algo extraña o, mejor dicho, pasé por una etapa de tenaz pasividad de la que no hablé con nadie, ni siquiera con mi círculo más íntimo, y cuyas razones profundas no adivinaba. El tiempo había pasado muy rápido; yo estaba sumamente convencido de que el coronel había accedido a mi petición, pero no me atrevía a ir al ministerio a informarme. Regresé a Argelia y, en Sainte-Barbe-du-Tlelat, me encontré en la misma situación que mi camarada un poco antes: exclamaciones de sorpresa de mis compañeros, que ya no me esperaban, y el placer del reencuentro mezclado con la emoción de la despedida, pues, efectivamente, me habían destinado a Francia. Tras unas horas, volví a Orán, donde rápidamente me encontraron un pasaje en el primer barco que partía.

Creo que mi desconcertante comportamiento se debía a que no quería evitar la experiencia del regreso; más bien la deseaba. Para que mi vuelta a Francia fuera un regreso de verdad, era necesario que mi partida de Argelia fuera una verdadera partida. En cuanto me informaron de mi nueva situación, experimenté la impresión de liberación que unos días antes había creído percibir en mi camarada en toda su profundidad. Viví con verdadera alegría mis últimas horas en Sainte-Barbe-du-Tlelat, donde había pasado días y días insípidos y sin provecho; esas horas pertenecían en ese momento a un tiempo conscientemente pasado que por fin tenía la sensación de dominar. Unos días más tarde estaría verdaderamente de vuelta en Francia. Por una vez, había tenido la posibilidad, algo excepcional en el curso de una existencia, de retomar y reescribir un episodio algo torpe de mi vida al poder despedirme de mis compañeros de unidad (a los que jamás volvería a ver); en ese momento tuve la sensación de que había dejado atrás los días pasados de manera progresiva y veía cómo se alejaba el lugar donde había terminado mi experiencia argelina igual que pronto vería, desde el puente del barco en el que me disponía a embarcar, desdibujarse y desaparecer en la noche la incierta silueta de la ciudad de Orán.

6

La primera vez

Todos hemos conocido una «primera vez» en nuestra vida afectiva, profesional o intelectual. Una «primera vez» de la cual guardamos un recuerdo porque parece abrir el tiempo, crear un comienzo, y esa sensación es lo bastante fuerte para sobrevivir al desgaste del tiempo, a las decepciones de la vida, a la tentación de la renuncia o de la resignación.

El etnólogo es doblemente sensible a este tema.

En primer lugar, porque conserva siempre un recuerdo vivo de su «primer terreno», la experiencia iniciática en la que lo aprendió todo y a la cual vuelve sin cesar para inyectar savia nueva a sus análisis y a su reflexión. Me formé como aprendiz de etnólogo en 1965; ya conté en *La vida en doble* cómo Jean-Louis Boutillier, que dirigía en aquella época la sección de ciencias humanas de la Oficina de Investigación Científica y Técnica en Ultramar (ORSTOM, por sus siglas en francés), me acompañó a Jacqueville, principal urbe del litoral y subprefectura; él me facilitó mis primeros contactos con las autoridades administrativas. Pero, sobre todo, recuerdo la estampa del momento en que cruzamos un río. Jean-Louis había alquilado los servicios de un piragüero, que, con su lancha motora, nos llevó a buen puerto. Al atravesar la laguna para abordar el estrecho cordón que constituía la ribera del territorio de la tribu aladiana, entre mar y lago, tomé conciencia, deslumbrado y un poco inquieto al mismo tiempo, de que empezaba una nueva etapa de mi existencia y de que vivía un comienzo que recordaría toda la vida.

En segundo lugar, el etnólogo es un especialista de la actividad ritual. Todo rito es fiel al pasado y tiene unas reglas fijas determinadas por la religión. Pero solo tiene éxito si confiere a los que lo celebran y a los asistentes el sentimiento de que el tiempo vuelve a abrirse.

El comienzo, y no la repetición, es la finalidad del rito. A veces decimos: «Vuelta a empezar» para dar a entender que nada cambia. Cuando lo hacemos, es porque conjugamos el verbo en su sentido más débil. De la misma manera, cuando decimos: «Es como un rito» para definir un comportamiento esperado y repetitivo, también privamos a la palabra «rito» de su dimensión inaugural. Volver a empezar, en el pleno sentido de la expresión, es vivir un nuevo comienzo, un nacimiento. Los grandes políticos lo saben, y por eso se esfuerzan en marcar los inicios, en darles la relevancia necesaria. Saben que, a pesar de las decepciones que vendrán, al menos habrán dejado el recuerdo de la esperanza que hicieron nacer en el pueblo.

Cuando el Don Juan de Molière confiesa ser sensible al encanto de las «pasiones que nacen», se sitúa fuera de todo cálculo y estrategia, en la verdad del instante de la expresión francesa *tomber amoureux*, literalmente «caer enamorado», es decir, «enamorarse». Don Juan habla mucho frente a Sganarelle; dice cosas diversas y hasta diferentes, y los críticos de la obra teatral a veces se quedan en lo más evidente, en lo inmediato, en este caso, en la descripción que hace de la estrategia amorosa y de los placeres de la conquista («Se siente un deleite extremo al conquistar con cien halagos el corazón de una joven beldad, al ver el terreno que se va ganando día a día al reducir con elogios, lágrimas y suspiros el inocente recato de un alma a la que le cuesta no rendir las armas, al dominar poco a poco los frágiles obstáculos que ofrece, al vencer los escrúpulos con que pretende honrarse y al llevarla, paso a paso, donde queremos que vaya».) Don Juan se considera y se llama a sí mismo «conquistador» («[...] en este aspecto, poseo la ambición de los conquistadores, que corren perpetuamente de victoria en victoria, incapaces de poner límites a sus deseos»). Pero lo que lo fascina y lo retiene es el primer instante, el milagroso primer instante cuyos «encantos» (la palabra, en esa época, es muy fuerte y evoca el poder de los brujos) aniquilan toda voluntad consciente («Las pasiones que nacen, después de todo, poseen un encanto inexplicable»), es decir, el instante que no se puede medir, que precede a toda seducción y a toda historia y que la memoria conserva a su pesar, hasta el punto de que, frente a Elvira, Don Juan deja entrever su emoción pese a que pretende ser provocador y fiel a sí mismo.

La repetición entra en juego en el desamor, cuando el guion habitual aparece en la verdad banal de su recurrente desarrollo. Pero en el mismo momento, en ese instante, no se percibe nada excepto la poesía propia de todo comienzo, en las antípodas de la cansina letanía y de la repetición. Don Juan es insaciable y no se cansa de perseguir la emoción inicial. Para él, siempre es la primera vez. Es el héroe del encuentro y del instante. Para lo demás, se detiene en seco, pues es incapaz de vivir una historia de amor de larga duración. En cuanto abre la boca para pronunciar sus palabras de seducción, en realidad, el encanto se rompe. Es la letanía que hemos oído mil veces, recita su papel hasta el momento en que una nueva silueta, una nueva mirada, ejerce su irresistible seducción única, fulgurante y efímera.

En todos los episodios de la vida colectiva y de la vida política, así como en la vida sentimental individual, somos sensibles a los fenómenos de desgaste, y a veces nos sentimos tentados de achacarlos a las insuficiencias o a las traiciones de unos o de otros, pero, con algo de distancia, pueden parecernos simplemente —y eso es sin duda mucho más grave— fruto de la acción del tiempo, una forma de erosión o de envejecimiento casi biológico que suscita como consecuencia una enorme nostalgia. Celebramos y loamos el año 1789, la Comuna de París, el 1936, la Liberación, el mayo de 1968, pero ya han pedido su fuerza inicial. Y la historia, analizada desde ese punto de vista, quizá no es más que el perpetuo esfuerzo por reencontrar un equivalente de esas «primeras veces» frustradas o inacabadas. Una fiesta exitosa es la que logra recrear, al menos por un instante, el sentimiento de un nuevo comienzo. Por eso se la asocia a menudo a la imagen del desorden y de la inversión de los roles. Celebramos el carnaval antes de «volver a poner los relojes en hora» (imagen del orden) o «los contadores a cero» (imagen de la renovación). Son juegos temporales que no están tan lejos de la idea de catarsis que Aristóteles asociaba con el espectáculo de la tragedia.

Me gusta ir al cine para volver a ver películas antiguas. Juegan de manera incomparable con el pasado y con la memoria. Las imágenes que creemos conservar de un pasado lejano, que son, sin embargo, las más tenaces, se modifican con la acción combinada de la memoria y del olvido. Volver a ver una película mucho después de haberla visto por primera vez es, pues, una extraña experiencia, porque nos enfrenta, al contrario, a las imágenes de un pasado que no ha cambiado y que sabemos que han quedado registradas para siempre. Quizá nos sorprenden por eso mismo: en una película que hemos visto varias veces, reencontramos detalles olvidados o, para ser más exactos, transformados por la memoria, que, a pesar del recuerdo objetivo de las imágenes grabadas en su día, ha seguido con su trabajo de recreación y de reelaboración. Y después dejamos que el ritmo de la narración nos seduzca cada vez como si esta fuera inédita. Ver una película antigua de nuevo supone experimentar simultáneamente el placer de la espera y la alegría del recuerdo; una experiencia que la vida diaria no nos ofrece jamás.

Así, para mí, algunas películas siempre conservarán algo de su encanto inicial. Tenía doce años cuando vi por primera vez la película de Curtiz, *Casablanca*. No es la primera película que vi, pero, como he contado en un librito que le dediqué, sí que fue mi primera experiencia del tiempo, del olvido, de la fidelidad y de la memoria inducida por una obra de ficción. Las escenas iniciales ilustraban temas como la espera, la amenaza y la lucha, que, debido a las circunstancias, habían marcado mi infancia. Descubrí esa película cuando era preadolescente, apenas terminada la guerra. De entrada, existió para mí como el recuerdo de una emoción inaugural. Y, a mis ojos, se convirtió en una suerte de mito fundador que me empuja de vez en cuando, al ver de repente el título *Casablanca* en la cartelera del periódico, a encaminar mis pasos hacia el Barrio Latino para ir a celebrar ritualmente esa «primera vez» que siempre vuelve a empezar.

Hay otras películas que también producirían en mí un efecto parecido si el azar de las programaciones lo permitiese. Me gustaría, por ejemplo, reencontrarme con la voz parsimoniosa de Jules Berry en *Les visiteurs du soir,* en la que encarnaba al «Diaaa…blo», o con el lamento que acompañaba la espera solitaria de Gary Cooper en *Solo ante el peligro.* Son tantas las pequeñas alegrías a la espera que hoy gozo anticipadamente al conjugar un futuro anterior: las alegrías de una primera vez que un día u otro reviviré.

7

Reencuentros

Decíamos que Don Juan es el héroe del encuentro y del instante. En ese sentido, es el personaje clave de una historia de aventuras en la que las peripecias más rocambolescas y las coincidencias más asombrosas se encadenan a un ritmo acelerado hasta el desenlace, que es un cruce entre un relato terrorífico y uno de ciencia ficción. Tal cual, Don Juan de Molière podría ser el héroe de un cómic. Si, además, cautiva al lector o al espectador es por su capacidad de reencuentro ilimitado, desde las doncellas que seduce hasta el fantasma al que desafía, pasando por la escena del mendigo, en la que, cansado de poner a prueba la fe tozuda de su interlocutor, le arroja el luis de oro que agitaba como una tentación sin exigirle nada más, «por amor a la humanidad». Es un momento admirable, que dice mucho sobre el valor o la inconsciencia de Molière...

El personaje opuesto a Don Juan, seductor impenitente e infatigable, se halla en Ovidio, en la pareja que representa a la vez la fidelidad y la felicidad: Filemón y Baucis. Ellos encarnan la serenidad que solo el temor de la separación puede quebrar, y no tanto el miedo a la muerte como el de tener que sobrevivir al ser amado. Tanto es así que la recompensa de Zeus para la pareja frigia que tan loablemente practica las leyes de la hospitalidad fue reunirlos en el momento de su muerte en la forma de un árbol doble (un roble y un tilo) unidos en un solo tronco.

Hay que añadir que, durante el curso de sus visitas a la Tierra en forma humana, Zeus iba acompañado de Hermes, el dios de las intersecciones y de los intercambios, del comercio y de los ladrones. Juntos, con la apariencia de vagabundos harapientos, ponían a prueba las cualidades humanas de cuantos se cruzaban en su camino y se negaban a acogerlos. Es una lección que debemos recordar y que, de hecho, reaparece en varias narraciones de origen folclórico: ¡cuidado con los que se presentan envueltos en oropeles de mendicidad! ¡Quizá sean dioses! Otra lección sutil que deriva del poema de Ovidio: solo quienes se aman pueden abrirse a los demás.

La paradoja del amor fusional. Los enamorados están solos en el mundo, decía la canción. Pero esta soledad en pareja, mientras existe, pinta el mundo con el color de la felicidad. Es quizá una ilusión efímera que las crueldades de la existencia pueden desmentir. Hasta la indiferencia hacia el mundo que el sentimiento amoroso cree inspirar («¿Qué me importa? Si me amas, / el mundo nada me importa», cantaba Édith Piaf) está hecha de benevolencia y de indulgencia. La verdadera soledad, la que se sufre, empieza con el fin del amor.

En ese sentido, el amor no es ciego. Y no lo es puesto que nuestra mirada se posa sobre un ser de carne y hueso, aunque lo mitifiquemos. El *amour fou,* la pasión que se presenta con un querubín de ojos vendados, de hecho, nos abre los ojos al mundo.

¿Durante cuánto tiempo? ¿Una décima de segundo o una eternidad? ¿Don Juan o Filemón?

Todo momento de felicidad que pasa por un encuentro comienza con la explosión de las sensaciones, con el despertar de los sentidos, que, de hecho, pueden ser objeto de una preparación metódica. Stendhal describe la alegría insuperable de su héroe, Lucien Leuwen, en el instante en que surge su «pasión naciente» por *madame* de Chasteller; en dos ocasiones, los dos protagonistas se adentran en los jardines del Cazador Verde, una posada a las afueras de Nancy, desde donde se oyen a los coros entonar valses de Mozart en el instante en que los rayos del sol crepuscular penetran en el sotobosque y lo iluminan. Lucien nota que *madame* de Chasteller apoya el brazo sobre el suyo. Al final del segundo paseo, convence al pequeño grupo de que sirvan ponche. Todos los sentidos están exaltados en este momento excepcional. Leuwen se enfrasca en una conversación con sus amigos, pero no intercambia ni una palabra con *madame* de Chasteller, que ha vuelto a posar el brazo en el de él, y se contentan con el silencio que los une.

En otro registro, Rousseau, en su isla en la orilla del lago de Bienne, hace un minucioso recuento de los elementos naturales que contribuyen a su éxtasis. En cierto sentido, actúa a la inversa de lo que lo hará el protagonista stendhaliano, el cual, antes de tomar cualquier iniciativa (como pedir a los músicos que sigan tocando o mandar que traigan bebida), cae rendido y pasivo bajo el encanto de las emociones que despiertan en él la belleza del paraje y la presencia de una mujer. Es cierto que Rousseau recuerda y que, a unos años de distancia, intenta analizar el sentimiento de felicidad que sentía en la isla de Saint-Pierre. Evoca primero la belleza del lugar en general, el panorama cuyo esplendor apreciaba desde las alturas, para después descender a la orilla del lago: «Cuando el lago estaba agitado y no me permitía navegar, me pasaba la tarde recorriendo la isla, herborizando a diestro y siniestro; unas veces me sentaba en los rincones más alegres y más solitarios para perderme en mis ensoñaciones, otras veces me subía a los desniveles y a los cerros para recorrer el espléndido paisaje del lago y sus orillas de un vistazo». Después, entra en detalle sobre las condiciones de su experiencia: un lugar donde estirarse y la calma que proporciona el subir y bajar del agua a un ritmo regular e hipnótico: «Cuando caía el sol, descendía de las cimas de la isla y gustosamente iba a sentarme al borde del lago, sobre la gravilla, en cualquier rincón oculto». Se abandona entonces al rítmico vaivén de las olas y vacía todas las reflexiones de su ser para reducirse a la pura sensación de existir: «El flujo y el reflujo del agua, su murmullo continuo pero henchido de intervalos que golpeaban sin descanso mi oído y mis ojos, reemplazaban los pensamientos que la ensoñación apagaba y bastaban para hacer que sintiese mi existencia de forma placentera, sin tener siquiera que pensar».

Sin embargo, esta huida de la vida social hasta la mera sensación física de la existencia es relativa y también procede de la alegría del encuentro. Desde 1765, en la isla de Saint-Pierre, Rousseau vive en un entorno agradable, en la única residencia de la isla, la del hospital de Berna, donde reside el recaudador Engel, al que acompaña para iniciarse en la botánica de la isla. En Môtiers, donde se había instalado en 1762, había conocido a Alexis du Peyrou, en quien había encontrado a un amigo y con el que mantendrá una correspondencia abundante. Rousseau jamás perdió la capacidad de hacer amigos, como si quisiera compensar su propensión a desatar la enemistad de muchos. Es lo que sucederá, de hecho, en los últimos días de su vida, en el castillo de Ermenonville, donde el marqués de Girardin lo acogerá; allí rememora los instantes de felicidad que experimentó en el lago de Bienne y sigue redactando sus *Ensoñaciones del paseante solitario:* «Después de cenar, cuando la noche era agradable, íbamos todos juntos a dar un paseo por la terraza para respirar el aire del lago y la frescura del anochecer. Descansábamos en el pabellón, nos reíamos, charlábamos, cantábamos alguna vieja balada que bien valía un par de bailes modernos y, finalmente, nos retirábamos, satisfechos con la jornada y deseando repetirla al día siguiente».

Los momentos de sincera y franca amistad son necesarios para la felicidad de Rousseau; en cuanto a los protagonistas de Stendhal, es la felicidad amorosa, cuando se da, la que posibilita la mirada tranquila, benevolente y hasta indulgente sobre su entorno.

En todos los casos, esa alegría pasa por una evidencia física: el bienestar que Jean-Jacques Rousseau o los héroes de Stendhal sienten se debe a la armonía que perciben entre la paz interior y el entorno inmediato en el instante. Es una armonía por definición frágil, efímera, pero prometida al recuerdo.

En contextos distintos (Lucien Leuwen es un personaje de novela, pero, aun así, Stendhal no se priva de expresarse en su nombre durante la narración, especialmente cuando habla de felicidad), hay muchos ecos de Rousseau en la obra de Stendhal, y estos se plasman en la ficción. De este modo, durante un viaje hacia su destino en Italia, Lucien se detiene en Ermenonville y compra una cama que había sido propiedad de *madame* de Warens.

Sabemos que Stendhal, a pesar de que criticaba a Rousseau, sentía hacia él una forma de admiración que incluso se transformaba en una confusión de identidad. En *Vida de Henry Brulard* hallamos confesiones que recuerdan a las de Rousseau y, entre otras, menciones acerca de su timidez y su escaso éxito entre las damas. Sin embargo, hay muchas diferencias entre Rousseau, más cercano a la sabiduría estoica y que, si bien fue condenado a una vida inestable y errante, no cesaba de aspirar a la tranquilidad de espíritu de un retiro apacible, y los protagonistas de Stendhal, siempre listos a darse a la aventura y a correr hacia los otros, hacia el amor o hacia la muerte. Es cierto que los protagonistas stendhalianos solo encuentran la felicidad amorosa cuando el tiempo se detiene, pero ellos corren demasiado. Nada que ver, sin embargo, con la carrera hacia la emoción efímera de Don Juan, que colecciona mujeres como otros mariposas y para quien la seducción de la conquista borra casi instantáneamente la emoción del encuentro.

La historia de la literatura nos ofrece una inagotable reserva de actitudes posibles frente al tiempo y a la felicidad. La escritura, que pone distancia entre la emoción en estado bruto y se esfuerza por hacer que los demás la entiendan al mismo tiempo, constituye, desde ese punto de vista, un objeto de investigación y un instrumento de observación. Y, de vez en cuando, logra un milagro: hacer que el lector anónimo sienta lo que la escritura intentaba analizar, algo que de repente esta logra recrear, y suscitarle un movimiento de júbilo y, en el doble sentido del término, de reconocimiento cuando se descubre y, literalmente, se reencuentra con un momento de «felicidad de la escritura», de la que se hace eco de inmediato su felicidad de lector.

8

Canciones

El pueblo que canta es un pueblo feliz, o eso solemos creer. Algunas estampas vienen a darnos la razón, aunque reconozco que ya forman parte de un pasado añejo: un pintor de fachadas, sentado en el andamio, silba sin parar y la melodía se va disipando hasta transformarse en un suspiro (o un silbido) de admiración cuando una chica atractiva pasa por la calle. Y nos parece oír la socarrona voz de Maurice Chevalier: «¡Así se hace, a la francesa!».

Recuerdo que el día de la Liberación fue un momento feliz en el que todo el mundo cantaba y mucha gente (pero solo los hombres) silbaba por la calle. En 1945, Saint-Granier, que había lanzado la moda de los concursos de talento por la radio en los años treinta, presentaba un programa diario llamado *On chante dans mon quartier* (Cantan en mi barrio), cuya pegadiza melodía, creada por Francis Blanche, se repetía por las calles de la capital: «Plum, plum, tralará, vamos a cantar, vamos a cantar… Plum, plum, tralará, en la calle se oye cantar». Tenía diez años, pero no me había inventado el clima de euforia que algunas tonadas habían difundido por todo París. En 1946, «La chanson du bonheur» (La canción de la felicidad), también con letra de Francis Blanche, añadía un toque sentimental al jolgorio imperante.

Las ganas repentinas de tararear que se apoderan de nuestros labios expresan muy bien el carácter gratuito y liberador del impulso al que cedemos. En el momento del estribillo, el desfile de imágenes de ayer y de mañana que componen la vida diaria se detiene, el tiempo suspende su vuelo y el oyente, sensible al cambio de ritmo, se identifica con el movimiento que vacía su conciencia. Por un instante, no es más que ritmo, rimas y melodía.

Si esa necesidad no suele aparecer hoy en día es porque el silencio del cual brotaba ha desaparecido. Ya no lo soportamos, o al menos de eso intentan convencernos todos los representantes activos de la sociedad de consumo, que tratan de llenarlo con todo lo que ponen a su disposición los proveedores oficiales de ruidos radiofónicos o televisivos. Hoy, en París, es difícil encontrar un *bistrot* que no esté invadido por las cadencias lacerantes de baterías y percusión. No obstante, a veces, en el Barrio Latino algunos se arriesgan con éxito a difundir las canciones pasadas de moda, las que tienen palabras, y por eso Trenet, Barbara, Reggiani, Brel, Bécaud, Montand, Moustaki, Nougaro, Brassens, Ferré y algunos otros conocen una nueva juventud.

La canción es un buen ejemplo del acercamiento entre el creador y el usuario, y por eso me parece una de las fuentes posibles de las pequeñas alegrías. Existe, en primer lugar, gracias a la voz que ha convertido en célebre la melodía; Édith Piaf no escribió las canciones que inmortalizó para el público. No siempre los intérpretes son compositores y músicos, ni viceversa. La canción existe cuando se hace mayor, como una obra de arte que no es anónima pero que nos pertenece a todos, un poco como Victor Hugo, del cual nadie dudaría sobre su calidad como autor, pero cuyos personajes adquieren tal relieve que da la impresión de que llevan existiendo una eternidad, con independencia de su creador. El que canta una canción, sea bien o mal, la convierte en suya. Durante unos minutos, será su creador.

En las familias en las que se canta, las canciones o melodías, aunque sean incompletas o aproximadas, pueden constituir una forma de memoria histórica y de lazo de unión entre generaciones. Vuelvo a disculparme por citar ejemplos de mi historia familiar. Mi padre y mi abuelo, como muchos hombres que pertenecían a las capas populares o pequeño-burguesas de sus generaciones, cantaban, y yo los imitaba con ímpetu, animado por sus risas cuando me oían repetir sin entender ciertas palabras un poco subidas de tono o con doble sentido de las canciones de taberna o de los estribillos que habían aprendido durante su tiempo en el ejército.

Mi abuelo nació en 1880 y, en 1940, pronto entendí que la historia se repetía. Mi abuelo cantaba y mi padre, que lo había oído de niño, también; a mi vez, en la tranquila intimidad de las reuniones familiares, yo retomaba varias tonadas de acentos militares:

Nunca conquistaréis Alsacia ni Lorena
y, a pesar de todo, seguiremos siendo hijos de Francia.
Podréis convertir la llanura en alemana,
pero jamás conquistaréis nuestras almas.

Y, a pesar de que el ambiente familiar tendía al militarismo, también solíamos cantar subversivamente (sin duda animados por su cadencia marcial):

Saludos, bravos soldados del 18.º Regimiento.
[...] Si nos aplastáis,
asesinaréis también a la República.

Mi abuelo era ecléctico en materia de canciones; una vez me enseñó unos versos que todavía hoy me hacen sonreír y que, de vez en cuando, susurro con una sonrisa:

Si fuera una pequeña serpiente,
¡qué feliz sería!
Porque susurraría palabras tiernas
en tu dulce oreja.

Nunca me dijo de qué canción procedía esa estrofa de cuatro versos y lo descubrí hace poco, cuando navegaba por internet. Lo identifiqué como un extracto del *Gran mongol*, una opereta compuesta por Edmond Audran y con libreto de Alfred Duru y Henri Chivot, representada por primera vez en 1877 en Marsella y, después, en el teatro de la Gaîté de París en 1884. La protagonista era una encantadora de serpientes.

Mi abuelo poseía un repertorio escogido de canciones burlonas. A él le debo mis tempranas interpretaciones de las canciones que hablan sobre el viento que levanta las faldas de las damas, como por ejemplo esta, que de vez en cuando aún tararureo:

El viento levanta tu falda rosa
y deja entrever
un fino tobillo
envuelto en medias negras,

y el que mira adivina
otra cosa, otra cosa
que no llegarás a mostrar.

Internet, de nuevo, me informa de que se trata de una «antigua canción» anotada por un tal Edmond Rat, peluquero de profesión, en un repertorio que se mantiene minuciosamente al día, probablemente en algún momento entre 1870 y 1880. No tengo ni idea de dónde la habría escuchado… y recordado.

En cambio, «Quand refleuriront les lilas blancs» (Cuando vuelvan a florecer las lilas), cuyo compositor ignorábamos que fuera alemán, fue un clásico que me enseñó la manera en que las lilas y la primavera exacerbaban la sensibilidad femenina:

Las mujeres conquistadas
están bajo el influjo
de la seductora primavera
que susurra halagos.

Fuera de esos momentos de exaltación patriótica, de los extractos de operetas y de los homenajes a los encantos femeninos, los tema más habituales eran más bien sentimentales: «Les roses blanches» (Las rosas blancas), «Parlez-moi d'amour» (Háblame de amor), «Vous qui passez sans me voir» (Tú que pasas sin verme)… Berthe Silva, Lucienne Boyer y Jean Sablon eran nuestros referentes, aunque estos cambiaron con el paso del tiempo. A Charles Trenet («Canto, canto de día y de noche…») mis padres lo consideraban un *zazou,* es decir, un joven a la estadounidense, con todo lo que ese término, en boca de ellos, implicaba en cuanto a distancia e inquietud. Mi abuelo, que había nacido en Toulouse y decía que su mujer bretona lo había colonizado, cantaba «Ô Toulouse» (Oh, Toulouse) mucho antes de que Nougaro reinventara ese himno en honor a la ciudad de color rosa.

Todas esas melodías y baladas, muchas de las cuales no detallaré, me recuerdan a la cocina de la casa de la Bretaña de la que hablaba en otro pasaje, que era el escenario más habitual de nuestras actuaciones musicales. Mi primera educación musical tuvo lugar allí (no fue hasta mucho más tarde cuando descubrí y me formé en lo que llamamos la «música de verdad») y, a pesar de mi mala memoria, todavía hoy puedo recitar de corrido, prácticamente sin errores, el texto de más de una de esas estrofas que tanta alegría trajeron a nuestras reuniones familiares.

Personalmente, siempre me ha gustado mucho la mezcla de alegría melancólica y de resignación de la canción francesa, que prolonga la ambivalencia de las palabras y permite expresar poéticamente y suscitar en el oyente un estado de ánimo irresoluble, como la vida: ni triste ni alegre, pero sí intenso.

En 1971 (es decir, en sus últimos años, cuando ya no era el «cantante loco»), Charles Trenet cantaba: «Fiel, fiel, he sido fiel...».

En las estrofas siguientes desfilan los acontecimientos y las imágenes de toda una vida (una calle en Béziers, una tía llamada Émilie, una noche de verano en Montauban...) que solo importan y existen para quien las rememora y llega a la conclusión, a pesar de todo en un tono alegre, de que:

Fiel, fiel, ¿para qué ser fiel?
Si todo cambia y se va sin remordimientos
cuando estamos solos en pie en la pasarela
frente a tal o cual mundo que desaparece,
cuando contemplamos los barcos que naufragan
y se llevan lo que esperábamos con ansia,
cuando sabemos que solo somos una sombra
fiel para siempre a otras sombras.

La canción «Fidèle» (Fiel) forma parte, para mí, de las canciones que cuesta imaginar cantadas por otro que no sea su autor y que, sin embargo, nos apropiamos de ellas más fácilmente, porque, al escucharlas, las asociamos al instante al timbre de voz cuyas inflexiones y matices hemos incorporado en nuestra mente y en nuestro corazón. Toda canción es un recuerdo, es la fuerza del embrujo que ejerce, pues es una remembranza personal, una que las circunstancias de la vida y los arcanos de la personalidad decidieron, y que, cuando surge, al girar una esquina o por el azar de un vagabundeo radiofónico, captura en una fracción de segundo toda la atención de quien la percibe como un eco de su propia voz.

Los compositores, que son buenos hechiceros, saben bien cómo funciona ese embrujo. A veces incluso lo han descrito en el texto de sus propias canciones. La simplicidad obcecada de una melodía imprime un ritmo de vals a la voz de Cora Vaucaire o de Yves Montand cuando escuchan «las tres pequeñas notas de música que se han ocultado en los pliegues del recuerdo»:

Pero un día, sin avisar,
regresan a la memoria...

Los hechiceros (en este caso, Henri Colpi con la letra y Georges Delerue con la música) comprendieron el encanto oculto de una fascinación que siempre está ligada a la evocación del tiempo. El público no recuerda sus nombres, pero ellos se merecerían, como los cantantes que interpretan sus letras, el título de «benefactores de la humanidad», proveedores de las pequeñas alegrías diversas, de esas «alegrías a pesar de todo» que surgen, también, «un día, sin avisar».

Otro brujo de pies a cabeza, el quebequés Félix Leclerc, autor, compositor e intérprete, cantó por primera vez en 1948 «Le petit bonheur» (La pequeña alegría), una canción que da título a esta edición. Es una lección de resignación frente a lo inevitable y de fe en la vida, que anticipa el «Fidèle» de Charles Trenet.

Esa pequeña alegría de la que había gozado lo deja abandonado entre lágrimas «al borde de un abismo», cuando se aleja indiferente una mañana, «sin alegría y sin odio».

Y me dije:
«Me queda la vida».
Recogí mi bastón, mis duelos, mis dolores y mis andrajos,
y camino por el país de los desgraciados.
Hoy, cuando veo una fuente o una muchacha,
doy la vuelta para evitarla o cierro los ojos.

La supuesta «sabiduría» de las canciones no está en realidad en sus palabras, sino en el tono general que resulta de la combinación de estas con la música. Hay que precisar, además, que solo las cantamos o tarareamos cuando tenemos ganas o necesidad de hacerlo.

Están listas para ese instante y, juntas, representan la suma de las emociones y de las actitudes concebibles por cualquier ser humano. Cada una de ellas, en ese sentido, pertenece al que se apodera de ella.

Y el que actúa así lo hace espontáneamente, a partir de su propia experiencia, de su pasado y de la necesidad de un estribillo que solo él comprende y que traduce la necesidad de distanciarse de la constatación prosaica de lo real. Tararear es admitir y esperar, comprender y superar, encontrar por fin en la conciencia de la división de las emociones humanas una forma de felicidad provisional pero tenaz. También es experimentar el tiempo de una manera excepcional: una canción reencontrada jamás es cursi y antigua, porque se recrea cada vez que la cantamos. Una canción popular es la ocasión que todos nosotros tenemos de vivir de nuevo un momento de creación: un verdadero comienzo.

9

Cantos y sabores de Italia

En Italia se ha conservado la cultura del bel canto. Esta especialidad local se utiliza a veces para seducir al turista extranjero y sacarle dinero, pero los amantes del directo siguen y aprecian las actuaciones musicales. Viví un año en Turín, y me alojaba en la *piazza* Carlo Alberto, donde las terrazas de los restaurantes están a rebosar día y noche. Había músicos por todas partes y recuerdo a un acordeonista mediocre al que todo el mundo se aprestaba a darle monedas para que terminase lo antes posible los cuatro estribillos que estaba destripando. Era un suplicio cotidiano para los habitantes de la plaza, también frecuentada a diario por el público de paso, seducido por la belleza del lugar y por la alegría de la atmósfera y mucho más indulgente, hay que reconocerlo, en lo que respectaba a los graznidos del habitual de las terrazas.

Y algunas noches, de repente, en un rincón de la plaza se notaba cierta actividad: la gente se congregaba y se adivinaba la silueta de un hombre con voz de oro que entonaba el conocido verso napolitano: *«Che bella cosa / E' na jurneta' e' sole...»,* y lo cantaba concentrado, con una voz clara y bien articulada, aunque sentíamos que solo era un preludio para el momento álgido: *«O sole mio»*, que impulsaba sin desfallecer hasta que sus fieles y los *amateurs* de una noche aclamaban y vitoreaban a ese Pavarotti de la calle.

El encanto de las veladas en la *piazza* Carlo Alberto le deben algo. Y si una noche cualquiera, de paso en Turín, después de sentarme en una de las terrazas de la plaza, me sorprendo volviendo a oírlo, sé que seré aún más consciente de la alegría que me produce estar allí.

Italia es a la vez ópera y canción, Puccini y Umberto Tozzi, *La Bohème* y «Ti amo», el vuelo lírico y el estribillo amable y repetitivo.

Aprovecho este momento para dar las gracias a Italia y a los italianos. Ya que hablamos de pequeñas alegrías, debo confesar que una de mis alegrías recurrentes consiste en viajar a tal o cual ciudad italiana, allí donde mis colegas hayan tenido la gentileza de invitarme. Esos viajes cortos son una celebración, pues disfruto de la alegría del retorno, de la felicidad de los encuentros, de la emoción del intercambio intelectual y de la forma de júbilo sensual que suscitan tanto el esplendor de las ciudades como los sabores de la cocina local.

Hay muchos motivos para amar Italia, y yo guardo muchos y muy buenos recuerdos de la felicidad que allí experimenté, recuerdos que no traicionan ninguna nostalgia, sino que atraviesan el espíritu de vez en cuando como una promesa, como un rayo de sol, que embellecen el alma y la pintan de colores más vivos de lo habitual. Entre esos recuerdos, los que tienen que ver con la gastronomía no son los menos importantes, ni mucho menos, y, entre ellos, la pasta italiana ocupa un lugar privilegiado.

Hay que admitir que mi afición tiene buenos motivos. La pasta es uno de los puntos débiles de la cocina francesca. ¿Qué digo? No es un punto de débil, es una laguna vertiginosa, un vacío abismal, un agujero negro culinario. Por supuesto que desde hace algún tiempo la situación ha mejorado gracias, quizá, a la *nouvelle cuisine* y a un mejor conocimiento de la tradición italiana. Pero en mi infancia, la pasta eran los fideos, un símbolo absoluto de la no cocina. Porque los fideos solían ser como el agua: incoloros, inodoros e insípidos y, además, tenían una consistencia blanda y un poco pegajosa que hacía que pareciesen vagamente un medicamento. En el argot de los escolares de nuestra época, «ser un fideo» era un insulto que denotaba en un mismo desprecio la debilidad de carácter y la indolencia física. A los niños y a los enfermos se les daban macarrones hervidos con un poco de mantequilla para no alterarles el estómago. Había que comérselos, con resignación, en el comedor de la escuela o en la cama del hospital. Y peor que esos macarrones era la sopa de fideos, que había que tragar sin medida y con los ojos cerrados. Sin importar la forma y el nombre que los fabricantes daban a sus «pastas alimenticias», a mis ojos de niño solo eran variantes sin interés de esos macarrones y fideos primigenios.

Esos recuerdos marcan, y vuelvo a disculparme por evocar una anécdota que no es precisamente honrosa para mi familia: cuando era adolescente, visité Italia por primera vez con mis padres y, cuando les tradujeron la carta del restaurante, hicieron una mueca y dijeron: «¡No, no! ¡No queremos fideos!». Así pues, mi predilección por la pasta no es hereditaria, como puede verse; se despertó más tarde, cuando, acompañado de guías más ilustrados, descubrí la verdadera cocina italiana.

Está claro que para mí la gastronomía y la amistad son inseparables. Desde luego que es posible apreciar un buen plato o un buen vino a solas, pero el placer se multiplica por diez en buena compañía. La complicidad amistosa refuerza el placer del gusto, y viceversa. Por eso, hablar de las alegrías de la mesa es una manera de evocar la hospitalidad y de recordar a quienes hemos conocido y apreciado, a veces rápidamente y siempre con intensidad. De hecho, es la ocasión perfecta para transmitir mi reconocimiento a numerosos amigos italianos y para confesarles que agradezco haberlos conocido y que sean fieles a nuestra amistad, siempre dispuestos, pues proyectan de ese modo la imagen y la idea de una felicidad que siempre es posible.

La gastronomía y la pasta forman parte de ese pacto de amistad. En concreto, la pasta suele ser el tipo de recomendación que solo reservamos para los amigos íntimos. Una noche, unos amigos en Módena me llevaron, casi en secreto, a una posada de los alrededores de la ciudad; la madre del dueño, una mujer anciana, era famosa por sus pastas incomparables. Me sentí honrado, halagado y hasta emocionado, porque me habían permitido participar en el culto que le rendían sus clientes más antiguos, sus adoradores, más bien. Cabe añadir que en Italia la pasta ocupa un lugar muy particular en el desarrollo de la comida. La pasta es la quintaesencia del *primo*.

El *primo* es una verdadera institución. Roland Barthes, como se recordará, tomó el orden del menú y de las opciones que se proponen en él como un modelo de la definición de la relación entre paradigma y sintagma. En general, están los primeros, que siguen a los entrantes como los *primi* siguen a los *antipasti,* pero los primeros pertenecen a la cocina de categoría y al desarrollo de los sintagmas de los menús oficiales. De hecho, en la práctica cotidiana, los primeros están en el mismo plano que los platos principales. Pero en Italia a veces uno deja de comer después del plato de pasta o se abstiene de la pasta para comer pescado o carne y, entonces, el sintagma del conjunto es teóricamente más resistente. Las cartas siempre proponen la secuencia de *antipasti, primi, secondi* (y *dolce)*, es decir, entrantes, primeros, segundos y postres. En Francia y en otros lugares, las propuestas son más ligeras o figuran en la carta como alternativas: «entrante y primero», «primero y postre»; en ambos casos, desaparece el primer plato como momento destacado de la comida y como elemento constitutivo del menú (es decir, del sintagma). Hay que admitir que en Francia y en otros países, el «primero» puede ser muy variado, desde un pescado a diferentes preparaciones (casi un «significante flotante», como diría Lévi-Strauss), mientras que el *primo* italiano casi siempre consiste en pasta o *risotto*. El paradigma del *primo* incluye una gran cantidad de pastas de nombres distintos y susceptibles de preparaciones muy diversas a base de salsas o de verduras.

El *primo* ocupa idealmente un lugar intermedio en el desarrollo de la comida. La pasta al dente es ligera y ofrece la transición soñada entre lo que los encargados de restaurante un poco esnobs llaman la *mise en bouche* (lo que en lenguaje popular diríamos que «abre el apetito») y el plato principal, el que comemos para no tener hambre. La pasta debe dejar el apetito del cliente intacto, y hasta excitarlo durante un tiempo. Pero es tan diversa, y su preparación implica elementos tan distintos (quesos, carnes, pescados y crustáceos, trufa y setas, legumbres y hierbas aromáticas), que corremos el riesgo de caer en la tentación de considerarla un fin en sí misma. Una vez conocí a una italiana que a veces cenaba dos tipos de pastas distintas. Confundía alegremente sintagma y paradigma, pero no parecía creer que cometiera un error lingüístico, en el doble sentido de la palabra.

Así pues, la pasta es esencialmente ambivalente. Lo es por el lugar que ocupa en la economía del menú, como acabamos de ver, pero también por su consistencia (la mala cocción la condena a la desazonadora blandura de los fideos, pero, aun así, tiene que haberse sumergido en el agua hirviendo para permanecer a la vez tierna y sólida). Es la calidad intrínseca de su preparación y de su cocción lo que la vuelve interesante desde el punto de vista gastronómico, pero ella se da la apariencia modesta de ser un simple soporte de sabores. Todos recordamos algunos de los acompañamientos que le dan su segundo nombre, a veces tomados de la geografía o de la naturaleza (espaguetis a la carbonara, a la boloñesa, al ajo o con almejas), y, al mismo tiempo, su gusto y su aroma definitivos. Cuando se crea esa alquimia, nace algo: un combinado total que, como en el arte, no se puede reducir a la suma de sus partes.

La pasta es un fin en sí misma, tiene su propia perfección. Pero su vocación normal es la de crear la espera, la de invitar a continuar la cena, y es una vocación que también es social. Las conversaciones en la mesa siguen, en efecto, un ritmo marcado por la llegada de los platos. Atacamos la pasta en el momento en que nuestro apetito inicial está un poco más apaciguado y los comensales se dedican más libremente a los placeres de la conversación. El peso de los alimentos y de la bebida no ralentiza la viveza del diálogo. Es el momento más civilizado de la comida.

Entre lo cocinado y lo crudo, lo duro y lo blando, lo sencillo y lo complejo, oriunda de otros horizontes pero profunda y definitivamente italiana, la pasta es a la vez la virtud de los contrarios (llamados a combinarse sin eliminarse) y la de los contactos culturales. Habla de la virtud de la difusión, en el sentido que los etnólogos otorgamos a esa palabra, pero también de la del terreno. La pasta, en su versión italiana, ha conquistado pacíficamente el mundo, pero es bueno que todavía existan focos activos de creación artesanal, tanto en Italia como en aquellos lugares del mundo a los que la migración la ha llevado: dan la medida de la exigencia y de la excelencia frente a los riesgos aún posibles de la banalización, de la comercialización y de las adaptaciones. La pasta siempre corre el riesgo de convertirse en un fideo blando cuando los falsos cocineros la tratan con negligencia. Lo que está en juego es importante. Se trata de saber si el día de mañana la pasta global seguirá estando o no al dente.

La pasta es ejemplar en muchos aspectos. Incluso daría razones para el optimismo a los que se inquietan, con razón, por el futuro del planeta y de la humanidad. Lo merece: debemos aprender a apreciarla. Se fabrica: hasta los que se contentan con cocinarla saben cuál es su responsabilidad. En todos los sentidos, es el producto de una educación, pues apreciar la pasta es conjugar el espíritu de la seriedad y el sentido del placer. También es comprender que la necesidad de alimentar al mundo, a todo el mundo, no necesariamente implica renunciar a la calidad. Sabemos que las recetas de los pobres del pasado vuelven, por un efecto de esnobismo muy propio de nuestros tiempos, a los platos de los ricos, quienes han aprendido a degustar su fuerza y su sutileza, mientras que los pobres de hoy, por razones económicas y muchas otras, están condenados a alimentarse mal. En cuanto a los que son aún más pobres, siempre están expuestos al riesgo de pasar hambre. El camino está señalado: hay que alimentar a una parte de la humanidad y enseñar a comer a la otra. Lo ideal sería que las dos ambiciones pudieran converger.

10

Paisajes

Los paisajes impregnan la memoria, pero, si nos lo pidieran, nos costaría describirlos con precisión. Cuando lo intentamos, es a partir de recuerdos más metódicamente explorados y gracias a fotografías o a grabaciones que nos ayudan, pero la descripción resultante no se parece en nada a la imagen mental que acompañaba ese recuerdo. Es a la vez insistente y difusa, como la impresión a la que va ligada: la de un momento de felicidad pura cuya razón ignoramos.

Son paisajes de la memoria espontánea e imprevisible, pero insistente, que a menudo revive la misma película o la misma serie de imágenes familiares y lejanas. Restos, seguramente, de nuestra infancia. Cuando éramos niños, el mundo era más grande y los colores, más vivos; la parte del paisaje que se descubría ante nuestros ojos se grababa en nuestra mente, inmensa. Y los retazos de esa impresión inicial siguen presentes en nuestra memoria.

Es, obviamente, materia literaria, pero, precisamente por esa razón, dice mucho:

«[…] la visión de una única amapola que se elevaba por encima de sus jarcias y que ofrecía al azote del viento su llama roja, por encima de su boya grasienta

85

y negra, hacía latir más deprisa mi corazón, como un viajero que ve en un terreno bajo una primera barca varada que un calafate repara y grita, incluso antes de verlo: "¡El mar!"».

Durante el año 1953, leí de un tirón y sin saltarme ni una coma *En busca del tiempo perdido* gracias a una mononucleosis que me obligó a guardar cama y que me permitió gozar de esa experiencia excepcional. Si cito el célebre pasaje sobre la amapola es porque recuerdo perfectamente que, cuando lo leí por primera vez, me hizo pensar en una imagen de antes de la guerra, probablemente de la primavera o el verano de 1938: mis abuelos me estaban cuidando ese día y mi abuelo, que tenía un pequeño Citroën, nos llevó a mi abuela y a mí (porque en ese entonces aún vivían en París) a la zona de Chantilly. Son detalles que me han recordado más tarde, varias veces: era un paseo excepcional, y además, ese día, a mis abuelos les había hecho mucha gracia que yo insistiera en querer conducir el coche. Tenía tres años. Creo recordar el episodio, pero me resulta difícil escoger entre lo que es un recuerdo directo y lo que me han contado numerosas veces acerca de aquella excursión. Proust me ayudó, pues, al descubrir en *Un amor de Swann* el pasaje sobre la amapola, recordé claramente, de golpe, el momento de éxtasis que había experimentado ese día, al detenernos para hacer un pícnic y contemplar el espectáculo de unas amapolas agitadas por el viento al borde de un campo de trigo. ¿Por qué esas flores habían despertado y conservado mi atención antes de que volviera a sumirlas en el olvido? No sabría decirlo, pero mi lectura proustiana de Proust resucitó innegablemente la emoción de la primera infancia y un paisaje, ambos perdidos en los meandros del tiempo.

A veces experimento otra pérdida de todo tiempo de referencia ligada a un paisaje particular, el de las ruinas. Basta con que no las visitemos con la nariz metida en una guía turística para que las ruinas no restituyan un pasado en concreto; para el común de los mortales, solo son una vaga, y casi podríamos decir que desencarnada, alusión de una época lejana, de la cual ha desaparecido todo rastro de vida. En 1996, en Tikal, en Guatemala, sentí lo que más tarde he descrito como «tiempo puro»: en un momento de soledad, antes de que saliera el sol, en el bosque donde se erguía una gran pirámide maya, experimenté al cabo de un rato la sensación física y evidente, reforzada por la presencia de una densa capa de vegetación y de copas de árboles que ocultaban el resto de las numerosas pirámides que había en la selva, de la pura presencia del tiempo que se confundía con mi propia respiración, como si el bosque aniquilara toda historia colectiva o individual. Guardo el paradójico recuerdo de un momento de conciencia aguda y de beatitud vacía, de un paréntesis feliz y de una concentración de la que apenas me sacaba el movimiento de algunos animales que no me prestaban atención.

Podemos preguntarnos cómo han llegado las ruinas a convertirse en ruinas y analizar su lenta mutación hasta convertirse en parte del paisaje natural. Pero hay otros escenarios: ciudades como Herculano y Pompeya quedaron capturadas en vida, enterradas por la erupción volcánica, y las primeras excavaciones que se llevaron a cabo en el siglo XVIII permitieron descubrir un arte íntimo, elegante y delicado que influyó en los muebles y en la decoración de las residencias de la aristocracia y de la burguesía de esa época. Los secreteres de los que hablamos al inicio del libro son un ejemplo de esa influencia y de una reinterpretación por parte de la moda moderna de los descubrimientos de la arqueología.

El paisaje deja a poca gente indiferente, y comprendo bien a todos los que se van de viaje para descubrir nuevos horizontes. Es cierto que el turismo se ha convertido en una industria y que puede simbolizar la desigualdad de un mundo en el que unos consumen las imágenes mientras otros se contentan con aparecer en ellas. Pero la curiosidad de los primeros no es en sí misma una señal de indiferencia, puede incluso ser lo contrario. El cinismo que impregna la situación a nivel global no se traslada a cada uno de los individuos que participa de ella.

La cosecha de paisajes que cada turista se lleva a casa sigue siendo personal, a pesar de la publicidad, internet, los álbumes de fotos y los anuncios. Es cierto que, de entrada, esos paisajes están destinados a crear recuerdos, pero ninguna memoria individual se somete por completo a los dictados de la moda o de la publicidad. Entre el paisaje y el que lo contempla puede no ocurrir nada: es posible que no le diga nada. O, por el contrario, que surja la fascinación y que el viajero que descubre un paisaje, de una manera u otra, establezca con él una relación exclusiva y única, como si fuera no su propietario, sino su creador o su inventor. Por esa razón, algunas obras impactan de forma más especial a ciertos individuos. Y también por eso es siempre más difícil adaptar para la gran pantalla una novela de éxito. Los personajes, como los paisajes, han tomado una forma determinada en la imaginación del lector, y la confrontación entre los rostros y los lugares seleccionados por otro lo despoja de su visión. O bien a la inversa: cuando el lector ha leído la obra hace mucho tiempo, o la leyó demasiado joven o demasiado rápido, puede suceder que las imágenes cinematográficas fagociten definitivamente los fantasmas de la memoria y que, en *Rojo y negro,* las facciones de Julien Sorel sean para siempre las del actor Gérard Philipe o que, en *Guerra y paz,* Natasha Rostova tome las de Audrey Hepburn.

Ciertos paisajes de película ocupan un lugar importante en la memoria de los espectadores que los han visto, hasta el punto de que se mezclan con las imágenes de paisajes de la vida real. En *Las vacaciones del señor Hulot,* Jacques Tati ofrecía tan agudas observaciones sobre el verano y la pequeña playa de Saint-Marc-sur-Mer era tan análoga a otras pequeñas calas de la costa bretona que, después de haber visto la película en su estreno en 1953, cuando yo tenía diecisiete años, casi tenía la impresión de haber asistido a una indiscreta inmersión en mi intimidad familiar; los ridículos tiernamente descritos de la pequeña burguesía en la pensión familiar, la monotonía soñadora y cotidiana de las tardes en la playa y la silueta rubia de la señorita de buena familia me resultaban tan familiares que no necesitaba haber ido nunca a Saint-Marc para reconocerlas. Y también la nostalgia del tema musical que salpicaba la película, una melodía repetitiva y cautivadora, con un estribillo que capturaba perfectamente el encanto y el vago aburrimiento de mis vacaciones de adolescencia en la Bretaña: «¿Qué tiempo hace en París?…».

Las vacaciones del señor Hulot forma parte de las películas que vuelvo a ver de vez en cuando con un placer renovado. En 1995, cediendo a un deseo antiguo y largamente postergado, reservé una habitación en el hotel de la playa y me dirigí a Saint-Nazaire y a Saint-Marc-sur-Mer. Constaté que nada había cambiado. Y eso también se aplicaba al lugar en sí mismo, inmediatamente familiar, hasta el punto de que tuve que hacer un esfuerzo para recordarme que era la primera vez que lo visitaba.

11

Alegrías de la edad

Rousseau es un ejemplo acerca del que meditar. Refugiado de nuevo en casa de su leal y benevolente amigo el señor de Girardin, pasó los dos últimos meses de su vida redactando sus *Ensoñaciones* en la serena atmósfera de Ermenonville, hasta el día en que murió súbitamente a causa de una apoplejía. Rousseau aspiraba a un estado de felicidad perdurable, que, como buen estoico, distinguía del placer. «Aquí empieza la breve alegría de mi vida», escribió, sin embargo, en el libro VI de las *Confesiones,* acerca de su llegada a la casa de *madame* de Warens, que abre una tregua encantadora en su vida de errancia y desgracias. Pero lo que prolonga esa alegría o la resucita es, y él lo sabe bien, el hecho de escribir sobre ella: «¿Cómo prolongar a mi gusto este relato tan sencillo y conmovedor para repetir lo mismo sin aburrir a mis lectores y para hacerles entender que yo tampoco me aburría al repetir las mismas cosas? Si todo consistiera en hechos, acciones y palabras, podría describirlas y narrarlas de alguna manera, pero ¿cómo explicar lo que no se decía ni se hacía, ni siquiera se pensaba, sino que solo era la práctica del goce y del sentido, sin que pueda enunciar ningún otro sentimiento de alegría que ese mismo sentimiento? [...] No veo en el futuro nada que me tiente; solo el regreso al pasado me halaga, y esos recuerdos tan vivos y frescos de la época a la que me refiero a menudo me dan la felicidad a pesar de mis desgracias». A veces se compara *En busca del tiempo perdido* con las *Confesiones* y se subraya que Rousseau, al contrario de Proust, quien jamás lo cita en su libro a pesar de considerarlo un verdadero «genio», se confesaba de verdad, pero que, aparte de los pasajes casi preproustianos de las *Confesiones* (como el de la hierba doncella, cuyo aspecto y nombre recuerdan a Rousseau, treinta años después, un paseo con *madame* de Warens), todo señala en ambos autores la misma necesidad vital de escribir para sobrevivir convirtiendo el pasado en un tiempo recuperado y haciendo de esa misma búsqueda la condición posible de toda felicidad. Proust, como Rousseau, se deshace de las obligaciones de la sociedad (incluidas las mundanas) para entregarse a las de la escritura, pero estas últimas le permiten acceder de vez en cuando a lo que Rimbaud llamaba «la verdadera vida», cuya habitual ausencia inflige su peso a la existencia y la tiñe del amargo *ennui* que se parece a la infelicidad.

No todo el mundo es escritor, pero todo el mundo puede sentir el tiempo como libertad. La aparente paradoja es que a veces, cuando nos hacemos mayores, aprendemos a desprendernos para convertirnos en dueños del tiempo. Hay una generación de mayores que hoy en día se esfuerza por tomar las riendas de su tiempo: en cuanto tiene los medios de pasar unas vacaciones bajo el sol de Portugal o de Marruecos, la pequeña o mediana burguesía avejentada de Europa se dedica a ello en cuerpo y alma. Para algunos, la jubilación es una liberación, incluso una aventura, cuando, lejos de quedar confinados en los lugares previstos para la gente de su edad, la nueva situación los pone en movimiento y los obliga a «conocer a gente nueva». Los más afortunados disfrutan de la sensación de volver a empezar y de descubrir, en el atardecer de su vida, las alegrías y las emociones de la «primera vez», lo que en cierto modo los acerca a los «creadores». Inventar nuestra vida es una expresión que ya no tiene nada de metafórica; es posible que el que se lanza a crear una obra de arte sienta que va a revolucionar su existencia y, de la misma manera, los que cambian de estilo de vida sentirán la misma exaltación y las mismas angustias que ese creador. Y también un lector seducido por la obra que está leyendo tendrá más ganas de apropiarse de las lecturas inéditas que le quedan por descubrir.

Son pocos los momentos en que sentimos que empezamos algo y que lo hemos escogido nosotros: la jubilación es uno de esos momentos cruciales que deciden un estilo de vida. Es cierto que entran en juego numerosos factores: el cansancio y el estado de salud, que pesan desigualmente sobre los hombros de unos y de otros, y esa disparidad tiene, en gran medida, un origen social. La media de edad de un candidato a la presidencia de la República supera a veces el del inicio de la jubilación del pueblo que aspira a gobernar. Pero es cierto que, en igualdad de condiciones, la jubilación, cuya edad está fijada por ley o por acuerdos oficiales, es la institución social por excelencia y también uno de los momentos en que un individuo puede optar por seguir como hasta entonces o empezar una nueva vida y buscar un nuevo cruce de caminos. Es la ocasión, quizá la última, de tomar las riendas de nuestro tiempo y de darle todo el sentido del mundo a la expresión «tiempo libre». Una de las ventajas de la edad es que nos da a todos acceso al tiempo personal de la memoria y de la imaginación, del recuerdo y de los sueños, que también son los de la creación artística y literaria.

En ese sentido, la jubilación es un desafío. ¿Querías tiempo? ¡Pues ya lo tienes! ¿Qué piensas hacer con él? Una vez más, excluimos de esa reflexión a los que llegan a esa edad exhaustos y a los que Cioran asigna, ferozmente, la tranquilidad de la senilidad. Entre los demás, algunos se preparan: los hay que se compran un caserío en el pueblo de su infancia y, como los salmones, remontan hasta el origen y toman la medida de su vida en relación con el punto de partida original. Se abandonan al sueño y a la televisión o se despiertan y se dedican a actividades diversas, desde el voluntariado hasta la vida asociativa; las posibilidades son múltiples. Algunos tratan de completar un proyecto atesorado desde hace tiempo y se instalan en el extranjero o, antes de pensar en jubilarse, intentan llevar a cabo esa «hazaña» para la que siempre les faltó tiempo: un viaje, una visita a los archivos, una actuación o una expresión artística de cualquier tipo, que, hasta entonces, no era más que un vago proyecto del que se hablaba con los amigos, en el bar. Cuando llega el momento de salir de escena, todos estamos contra la espada y la pared: es ahora o nunca. Para los que saltan al otro lado, la recompensa es inmediata: son conscientes de haber intentado ser fieles a sus deseos, y ahí reside sin duda el secreto de su sempiterno buen humor. En esos casos, raras veces hay éxitos totales, fracasos definitivos o abandonos completos, de modo que los ancianos, en suma, siempre que la salud acompañe, son los más alegres de todos.

Hasta la propia enfermedad es motivo de un combate que puede ofrecer magníficas victorias, aun cuando, como la campaña de Francia de Napoleón, corren el riesgo de acabar un día u otro (¡pero más tarde!) en una abdicación final. Cada una de esas victorias marca una reconquista: levantarse de la cama y sentarse en el sillón, volver a dar unos pasos tras la convalecencia, salir a dar un paseo y volver al fin a casa desde el hospital, con algunos achaques más, pero también con una nueva mirada y la oportunidad de reencontrarnos con las pequeñas alegrías allí donde solo habíamos dejado atrás costumbres de las que éramos inconscientes.

Mi padre tenía altibajos de humor, pero poseía un temperamento decididamente optimista, y le debo sin duda esa sensibilidad para con las «pequeñas alegrías a pesar de todo», de las cuales intento desentrañar aquí los matices. En 1942 le diagnosticaron la enfermedad de Parkinson, aunque hoy en día sabemos que permanece latente algunos años antes de manifestarse. En su caso, los médicos creían que estaba relacionada con un ictus que había sufrido a los quince años, es decir, unos veinte años antes. Cuando era niño, oí a menudo hablar de ese episodio, que mi propio padre presentaba como una peripecia que había jugado un papel decisivo en su historia personal: hasta entonces había sido un estudiante brillante del liceo de Burdeos y, después de eso, su rendimiento empeoró. Tras la revisión médica, le negaron la admisión en la Escuela Naval y, también, al año siguiente, en el Instituto Politécnico. Cambió de orientación y, siguiendo el consejo de amigos y familiares, se preparó para entrar en la Escuela de Impuestos de Lyon, de donde salió dos años más tarde como recaudador del registro.

Mi padre recordaba esos episodios sin una especial amargura. En Lyon había descubierto la vida estudiantil y una nueva libertad financiera; durante unos meses, llevó junto a sus compañeros una «vida de soltero», salpicada por canciones que celebraban los méritos de los «supernumerarios» o «surnus» de su magnífica ciudad de Lyon. Yo aún no la conocía y, a mis ojos, se convirtió en una ciudad mítica y familiar, donde mi padre, todavía joven, caminaba sin tropezar.

También recordaba a menudo su estancia en Corrèze, en Lapleau, que fue su primer destino. Entretanto, se había casado. Conoció a mi madre, que era huérfana, a través de unos amigos de la familia. Los dos hablaban emocionados de los meses que habían pasado en Lapleau. «Aquí empieza la breve felicidad de mi vida…». A veces pensaba que, al hablar de Corrèze, las palabras de mi padre eran un eco de la confesión de Rousseau. De hecho, puede que él también lo pensara. Descubrí y leí las *Confesiones* en un ejemplar de tapa dura cosida que pertenecía al pequeño fondo bibliográfico que lo había seguido hasta el salón de nuestro apartamento en París. A menudo oía las descripciones de mi padre o mi madre de la vida que llevaban en el pequeño gran pueblo que era Lapleau. El recaudador del registro era un «notable» del pueblo, al mismo nivel que el notario y el médico. Pero, paralelamente a su vida «social», por modesta que fuera y que para ellos era la primera, fueron los largos paseos por la naturaleza lo que dejó honda huella en la memoria de mis padres; como el recuerdo de cuando buscaban setas a finales del verano, en esa región en la que tanto abundan, como me contaron en numerosas ocasiones con profusión de detalles. Después lo destinaron a Poitiers, donde yo nací, y, dos años después, a París; siempre tuve la sensación de que su verdadera etapa de felicidad se situaba un poco antes, en el edén de Corrèze. También es verdad que apenas llegó a París lo movilizaron, pues en el servicio militar lo habían reformado, y, en cuanto lo licenciaron, la enfermedad hizo mella en él.

Desde ese momento, su vida diaria fue difícil, pero poseía un fondo de optimismo que le hacía apreciar los pequeños placeres de la existencia, la fidelidad de algunos amigos y la devoción de mi madre. La evolución del mal lo empujó a ofrecerse como cobaya de los experimentos médicos y fue uno de los primeros, en los años cincuenta, en aceptar una intervención quirúrgica y el empleo de electrodos tras la trepanación para una estimulación cerebral profunda. Era una operación complicada por aquel entonces, casi experimental, pero se esperaban resultados espectaculares. Recuerdo que esperé su salida de la sala de operaciones y la sonrisa que me ofreció, la camilla que lo llevaba a su habitación mientras tendía hacia mí un brazo que ya no temblaba. Un poco más tarde debió de desencantarse; al parecer, la segunda intervención fue menos eficaz y los resultados de la primera no fueron permanentes. Pero jamás olvidaré, lo supe de inmediato, el gesto con el que quería comunicarme su victoria.

Por efímera que fuera, le devolvió durante algún tiempo la certidumbre de que nada era para siempre; al dominar su enfermedad, al convertirse en su dueño, se separó de ella, se reencontró consigo mismo en el momento en que la lenta y total invasión de su cuerpo y de su mente amenazaba con desposeerlo progresivamente de sí mismo.

A menudo me he preguntado de dónde sacaba mi padre esa tenacidad para superar las pruebas que tuvo que pasar. Antes de que cediera por fin a una indiferencia casi perezosa, era el deseo de gozar de las «pequeñas alegrías» lo que hacía que amara la vida: las ganas súbitas de ir a dar un paseo por lugares que antaño había frecuentado, de sentarse a comer, de beber un vaso de vino tinto, de canturrear alguna canción conocida, de ir al cine o de viajar le hacían olvidar su enfermedad y lo animaban a seguir adelante. A mis ojos, era la encarnación de la vida, fijada a nuestro cuerpo, de las ganas de vivir a pesar de todo, una característica de algunos enfermos, más conscientes que los sanos del precio de las pequeñas joyas cotidianas.

No, tampoco he olvidado la sonrisa tímida que me dirigió cuando me tomó como testigo del control recuperado de su mano y de su brazo.

Las alegrías de la edad: llega un momento en que debemos admitir que somos mayores. Los otros nos ayudarán, por si se nos olvida, y el cuerpo también pone de su parte, incluso si nos portamos bien. De acuerdo, ya tenemos una edad; no hace falta enfadarse si algún joven se levanta para cedernos su lugar en el autobús, aunque sea una muchacha. Puede que en nuestro rostro pronto se instale esa mirada inquisitiva y exigente que habremos descubierto ya en aquellos a los que podríamos llamar los profesionales de la edad y que tiene por efecto inmediato, desde el instante en que se suben al metro o al autobús, que un puñado de jóvenes y no tan jóvenes los asistan en su lamentable trajinar por la existencia. De momento, esas personas de buena voluntad son hasta divertidas, pero pronto llegará el día en que nos gustaría que fueran más rápidos, incluso, en su ofrecimiento de asistencia. A menos que terminemos formando parte de la cohorte de ancianos tranquilos y sonrientes, hombres y mujeres que, complacidos de antemano y dando las gracias con la mirada y con un gesto a los que todavía no han tenido tiempo de ayudarlos, imponen con dulzura inexorable su incontestable prioridad.

Es un hecho: ya somos mayores, y aún no nos hemos dado cuenta.

Desde que envejecemos, la mirada de los demás cambia, algo de lo que nos damos cuenta de manera imperceptible. El primer cambio que tenemos ocasión de observar es el de los demás. Entrar en la edad provecta es descubrir un país nuevo, estudiar a sus habitantes y distinguir entre los que nos acogen con naturalidad y los demás. Porque, una vez en casa, hundidos en la comodidad de nuestro sillón o instalados frente al ordenador, al abrir un periódico digital o al navegar por internet, tendremos la íntima certeza de ser los mismos de siempre; solos, ¡al fin solos!, escaparemos a las atenciones, a veces demasiado insistentes, que subrayan nuestras debilidades físicas o nuestra propia impaciencia ante ellas. Y seremos nosotros mismos como nunca lo hemos sido.

Quizá nos preguntaremos incluso si no empezamos a comprender mejor (más vale tarde que nunca) a aquellos a quienes ya no veremos más, que ya no existen, a los que amábamos y que nos amaban. Si tenemos hijos y nietos, nos preguntaremos simplemente si representamos lo que nuestros padres y abuelos representaban para nosotros y nos complaceremos en examinar el presente a la luz de nuestro pasado.

Entre las alegrías de la edad figuran las relaciones privilegiadas entre abuelos y nietos y, más ampliamente, entre las generaciones alternas. La conciencia de este dato antropológico general es un estímulo para los mayores, que, sensibles a la necesidad de mantener relaciones sociales para llevar una existencia singular, pueden encontrar en ella una oportunidad de adaptarse con mayor facilidad a una época de cambios acelerados. Mis nietos no me hacen sentir viejo cuando me explican cómo funciona tal o cual artilugio electrónico: me informan, como yo también les hablo de otros aspectos de la realidad. Somos contemporáneos, como lo éramos mi abuelo y yo.

Una última indicación: la edad avanzada a menudo se ha presentado como perseguida por la conciencia de un límite imposible de evitar: el de la muerte. Desde ese punto de vista, el papel pretendidamente reconfortante que se les atribuye a las religiones que propugnan la salvación siempre me ha parecido, como mínimo, extraordinariamente ambiguo. El genio de Mozart expresa en su *Réquiem* el efecto del terror que produce la idea del Juicio Final. La fuerza del monoteísmo cristiano se ha basado durante largo tiempo, y todavía lo hace, sobre el postulado del pecado original, que define toda vida individual como una tentativa de compensar esa falta. Desde ese punto de vista, el estoicismo antiguo, antes de la influencia de Platón y del cristianismo, estaba marcado por un sano prosaísmo, como nos recuerda Paul Veyne en su introducción a *Sobre la tranquilidad del alma,* de Séneca: «Los estoicos han descubierto un nuevo objeto, el yo, y una nueva motivación, desconocida para la conciencia común: el ideal del yo. Ignoran lo que sería la humildad, la culpabilización y el respeto por ese objeto sobrenatural: el alma inmortal que debe obedecer los decretos de Dios. Ellos no obedecen ni a Dios ni a una moral colectiva.

El más allá no es problema suyo». Séneca hace hablar así a su amigo Sereno: «¿Acaso hay algo malo en volver a los orígenes? [...], a menudo morimos por el miedo que tenemos de morir». Una de las alegrías de la edad consiste en difuminar ese temor y en permitirnos así apreciar los placeres de la vida. Sigamos a Séneca: «Si hay que evitar darse con frecuencia a la bebida, tampoco debemos evitar abandonarnos a veces a una jubilación liberadora». E invoquemos a Aristóteles: «No ha nacido ningún genio sin una pizca de locura».

El hecho es que la conciencia de lo inevitable tiene efectos positivos entre los que, sin haber leído necesariamente a Séneca, comparten algunas de sus conclusiones; si bien algo avergonzados, a veces, de confesarse felices, aunque sea de manera incierta y efímera, en una época como la nuestra, en la que, no muy lejos de aquí, otros seres humanos de toda edad y condición viven sometidos por la furia de sus verdugos.

La edad nos enseña a vivir el presente, a vivir «al día», como se suele decir, y, por lo tanto, a extraer del presente todo lo que este nos puede aportar. Una nueva relación con nosotros mismos y la renuncia a fingir ser otro son algunas de la recomendaciones que Séneca da a su amigo Sereno, además de algunos consejos prácticos: no dudar en pasear al aire libre (es un estímulo para la salud) o embriagarse (para olvidar las penas). Los consejos prosaicos de Séneca a su joven pariente iban dirigidos a un individuo ligeramente deprimido. Una de las felices consecuencias de la vejez es que dichos consejos se vuelven inútiles, y casi demasiado obvios, para aquel que, con la edad, ha aprendido que el presente, aunque siempre sea fugaz, es la única realidad tangible.

Epílogo

La lista de las pequeñas alegrías no tiene fin. La de las desgracias tampoco, y no es mi intención aquí hacer una enumeración de las primeras para disimular la existencia de las segundas. La desgracia de la vida es, en primer lugar, la pobreza que exacerba, cuando no es ella la culpable, la angustia de la soledad, de la enfermedad, del cansancio y del desánimo. La desgracia de la vida es el rechazo por parte del otro o de los otros cuando comporta el desprecio por uno mismo. La desgracia de la vida es el espectáculo de la arrogancia financiera o del proselitismo ciego. La desgracia de la vida es el desfile cotidiano de la estulticia, de la crudeza, del egoísmo o de la indiferencia.

Sin embargo, cada uno de nosotros trata de vivir la vida de la mejor manera posible, más o menos bien, más o menos mal. En este libro he tratado de analizar esta empresa, que corresponde desde el principio a un esfuerzo para evitar la parálisis y para que aprendamos a movernos en el espacio o en el tiempo. Ese movimiento, a veces esquivo o impulsivo, de huida o de reconquista, permite seguir adelante a pesar de todo. En segundo lugar, al final de este movimiento, si este llega a buen puerto, se produce un nuevo hecho simbólico, una nueva relación: se crea una nueva «alegría a pesar de todo».

En este contexto, el «trabajo de duelo» es un buen ejemplo de eso, y la sabiduría de las culturas tradicionales se ha volcado en facilitarlo. En mi familia bretona, durante los años setenta, los entierros eran la ocasión para que los primos que vivían lejos volvieran a visitar el pueblo del cual todos guardaban recuerdos de sus vacaciones. Llorábamos con sinceridad la ausencia de nuestros mayores, pero también experimentábamos la alegría de vernos de nuevo; eran reencuentros que solo tenían lugar cuando fallecía un familiar. Después de todo, si hubiera sido por el mero deseo de vernos, habríamos podido satisfacerlo en cualquier otro momento, pero entonces el reencuentro habría sido distinto. De un duelo a otro, se creaba un nuevo recuerdo; los familiares más cercanos al desaparecido se emocionaban al ver a los primos acudir al entierro y todos sentíamos de forma momentánea una solidaridad afectiva debida a la recurrencia de esa situación excepcional.

En ese pueblo, de donde procedía su marido, mi bisabuela, viuda y con siete hijos, se había refugiado durante la Primera Guerra Mundial. Después de que matasen a dos de sus hijos, había vivido allí con una de sus hijas. Los otros corrieron suertes diversas, pero, con el paso del tiempo, se reencontraron allí, unos antes y otros después de la Segunda Guerra Mundial. Sus numerosos hijos se habían quedado en el pueblo, y los niños de esos niños, entre los que yo me contaba, pasábamos allí la mayor parte de las vacaciones de verano.

De hecho, desde principios de los años setenta, asistimos al paso progresivo y finalmente acelerado de una generación a otra; el banquete que seguía a los funerales nos acercaba a los últimos supervivientes de la generación anterior, que de vez en cuando soltaban algunas confidencias o narraban las rivalidades, tensiones o intrigas pasadas de las que los más jóvenes apenas habían oído ecos y que cobraban vida por un último momento en boca de los mayores. Un recuerdo perseguía al otro: el ecumenismo familiar prevalecía sobre los rencores o los resentimientos de otras épocas. Gozábamos de la felicidad de estar separados durante un tiempo y, luego, de reunirnos, cómplices, durante los funerales, de la astucia institucional de la Iglesia católica y de las virtudes paganas de los condumios en familia.

Lo más sorprendente de esos momentos de duelo en familia era que se convertían en una manifestación de la alegría compartida. Se trataba de una creación colectiva, el resultado de un trabajo de duelo conjunto que nos facilitaba a todos, al tiempo que un puñado de recuerdos en vías de extinción, la conciencia de dejar atrás los lazos y los roles que, sin embargo, explicaban y justificaban nuestra presencia en las exequias.

A lo largo del texto, ya lo he dicho, he mencionado detalles y hechos que pertenecen a mi biografía personal. ¿Cómo podría ser de otro modo, desde el momento en que, a pesar de no tener ganas de hablar de mí mismo, he optado por observar un tipo de acontecimientos que no tienen nada de excepcional, excepto que los vivimos cada uno de nosotros de manera singular?

No puedo, como Alain Badiou, designar «el camino más corto para la verdadera vida», aquella que Rimbaud decía que es ausente. Pero intento, esencialmente a partir de los ejemplos que creo conocer mejor (los que tomo de la literatura y de mi propia vida), sugerir que todo individuo puede dar comienzo al movimiento que lo llevará más allá del yo, un movimiento que es para el filósofo una condición para la felicidad. La «invención de lo cotidiano», tomando prestado otro concepto de Michel de Certeau, se aplica especialmente bien a la búsqueda que explora la capacidad que todos tenemos de crear conscientemente las condiciones necesarias para mantener relaciones más felices con los demás gracias a iniciativas creativas.

Alain Badiou define con tres rasgos esenciales al que él llama «nuevo sujeto», que concibe como el «sujeto de la felicidad». Al principio crea algo, pero no es «lo que tiene ganas de hacer»; su modelo, desde ese punto de vista, sería el artista, que se impone la disciplina de la innovación para encontrar las formas de una nueva representación de lo real, o incluso el investigador científico, que hace lo mismo. En segundo lugar, el nuevo sujeto no es prisionero de una identidad; la obra de arte o el descubrimiento científico son de interés para la humanidad en general. En tercer lugar, el nuevo sujeto descubre, «en el interior de sí mismo», que es capaz de hacer algo que ignoraba ser capaz de hacer. Así, en ese contexto, la felicidad puede definirse como una victoria «contra la finitud». Es lo contrario de la satisfacción, que pasa por la conciencia de ocupar el lugar en el mundo que este ofrece a un individuo. Badiou nos habla de la relación entre la felicidad y la emancipación política, la creación artística, la invención científica o la alteración del yo en el caso del amor, pues son todos procesos en los que el individuo se descubre a sí mismo como sujeto.

La *Metafísica de la felicidad real* es un libro que se sitúa en las antípodas de la «tendencia felicidad» que evocaba en el prólogo en la medida en que las recetas para el desarrollo personal se inscriben en el registro de la satisfacción consumista, pero constituye a la vez una llamada y una confidencia. La confidencia de un filósofo que se siente «feliz» porque ha sabido «pensar contra las opiniones y al servicio de algunas verdades». Una llamada a sus lectores para que compartan con él la experiencia de la inmanencia a la verdadera vida y de la felicidad que esta nos proporciona.

El antropólogo tiene un objetivo más modesto y se siente menos seguro que el filósofo de las «verdades» que lo ayudarían a pensar contra las «opiniones»; sin embargo, cree reconocer en las pulsiones de felicidad que percibe, en estado incipiente, en aquellos a los que observa, y en primer lugar, en sí mismo, algo parecido a la experiencia que describe el filósofo. Después de todo, he experimentado personalmente la alegría de la escritura, la del conferenciante y la del actor; también he apreciado paisajes y canciones y, sin duda, me he preguntado qué era vivir. Todas esas conceptualizaciones se basan o se comprueban en la percepción intuitiva de la inmanencia de lo vivido a partir de algunos detalles de la vida cotidiana.

El antropólogo se queda en eso, en la percepción de la cual busca el equivalente en los demás, y se siente afortunado si algunas de sus intuiciones personales encuentran un eco, pues el tiempo de las etnografías de la diferencia ya ha pasado. Si bien la diversidad del mundo contemporáneo es una realidad, eso no contradice ni la imposición del sistema económico dominante, para el cual todo individuo es sustituible por otro, ni las reacciones a ese estado de la cuestión, que son de dos tipos:

por una parte, la violencia en todos sus aspectos, pero, por otra, la conciencia de la unidad del ser humano, que trasciende las diferencias y de la cual son testigos tanto el progreso de la ciencia como las obras literarias y artísticas. En esas condiciones, analizar los recorridos que han logrado nuestros contemporáneos para hallar, pese a todo, razones y ocasiones para sentirse y decirse felices es una tarea saludable y estimulante.

Es cierto que la expresión «las pequeñas alegrías» puede interpretarse de muchas maneras.

Alegrías diarias, en primer lugar. Alegrías del consumo para los que no están excluidos de él.

Alegrías de siempre, a continuación: la alegría del reencuentro (de un rostro, de un paisaje, de un libro, de una película o de una canción, de una alteridad que hemos recibido y reinventado); alegrías a veces instantáneas y a menudo fugaces, pero que la memoria conserva; alegrías del regreso o de la primera vez, del recuerdo y de la fidelidad. Todas esas alegrías solo existen para los que las desean hasta tal punto que las han convertido en realidad, a pesar de la época, de las dudas y del miedo. Pero también son alegrías para todos, independientemente de los orígenes, las culturas y los sexos; las alegrías de la resistencia, cuya idea permanecerá siempre nueva y fresca, a pesar de la mediocridad actual. Son las alegrías a pesar de todo.

Sería una osadía convertir la felicidad, o hasta las pequeñas alegrías, en la característica esencial de la humanidad actual, pero tendríamos que estar ciegos para no darnos cuenta de que los seres humanos no dejan de jugar con el tiempo y el espacio para intentar existir simbólicamente, es decir, como inventores de sus respectivas vidas. Cuando lo logran, experimentan una satisfacción consciente de su existencia singular y también de su relación con los demás, una conciencia que engloba la evidencia íntima del cuerpo. Son esos momentos de conciencia total los que llamo pequeñas alegrías. Estos constituyen en conjunto el estrecho camino que permite entrever la existencia del ser humano común y que un día, si todos los hombres y mujeres lo emprenden, podría desembocar en una toma de conciencia efectiva de todo el género humano como tal. Así, las pequeñas alegrías habrían sido el esbozo y la promesa de un futuro mejor.

Ático de los Libros le agradece la atención
dedicada a *Las pequeñas alegrías,*
de Marc Augé.
Esperamos que haya disfrutado de la lectura
y le invitamos a visitarnos
en www.aticodeloslibros.com,
donde encontrará más información
sobre nuestras publicaciones.

Si lo desea, puede también seguirnos
a través de Facebook, Twitter o Instagram
utilizando su teléfono móvil
para leer los siguientes códigos QR: